선택하는 여자, 포기하는 여자

선택하는 여자, 포기하는 여자

초판 1쇄	2019년 11월 18일
지은이	수잔 브래디
옮긴이	문수모, 김상임
발행인	문수모
디자인	김선경, 이근택
교정 · 교열	김진섭
마케팅	이연실
발행처	㈜링키지코리아
등록번호	제2018-000007호
주소	경기 성남시 분당구 황새울로200번길 34 1202-1호
전화	031-711-1961
팩스	031-711-1967
홈페이지	www.linkagekorea.com
가격	16,000원
ISBN	979-11-964755-2-9 03320
CIP제어번호	CIP2019043605

이 도서의 국립중앙도서관 출판도서목록(CIP)은 서지정보유통지원시스템 홈페이지(http://seoji.nl.go.kr)
와 국가자료공동목록시스템(http://www.nl.go.kr/kolisnet)에서 이용하실 수 있습니다.

* 이 책 내용의 전부 또는 일부를 이용하려면 반드시 저작권자와 ㈜링키지코리아의 서면 동의를 받아야 합니다.

* 파본이나 잘못된 책은 구입처에서 교환해 드립니다.

성공을 꿈꾸는 여성들을 위한 비결

선택하는 여자, 포기하는 여자

수잔 브래디 지음 | 문수모 · 김상임 옮김

Linkage
Create lasting leadership impact

수잔Susan 의 책은 두 사람을 하나로 묶는 것이다. 오늘날의 도전적인 직장에서 승진하기 위해 노력하는 많은 여성을 위한 개인적인 행동 계획을 수월하게 하도록 도움을 준다. 나는 이 책을 조직 생활에 전념하고 있는 여성들에게 추천한다.

··· 시먼스 대학교 총장, 헬렌 드니난

수잔 브래디Susan Brady 는 21세기 목적지향의 리더를 위해 비밀 소스를 제공했다. 이 시기적절하고 고무적인 책은 목적의 움직임을 이야기에서 걷기로 발전시킨다.

···『목적의 힘』의 세계적인 베스트셀러 작가, 리처드 라이더

수잔은 그녀 자신의 권리에 있어서 예외적인 리더다. 자신의 장애물에 대해 명확하게 파헤치려는 그녀의 의지는 정직하고, 매력적이며, 모든 리더에게서 같은 것을 장려하는 데 매우 효과적이다. 나 자신을 포함해서 말이다.

··· 뉴멕시코주 산타페 시장 및
'패스트 컴퍼니' 잡지의 공동 설립자, 알란 웨버

수잔 브래디는 성공적인 여성 리더로서의 자신의 경험뿐만 아니라 다른 사람들과 함께 일했던 수년간의 경험에서 리더십 분야에 엄청난 기여를 하였다. 비판적 내면의 목소리를 정복하면서 그녀는 여성 리더들이 어떻게 그들 자신과 그들이 다루고 있는 세계의 현실 둘 다를 이해하고 있음을 보여준다. 수잔의 책은 리더로서 성장할 수 있는 능력을 확장하고자 하는 모든 여성들이 꼭 읽어야 할 책일 뿐만 아니라 남성들에게도 소중한 책이다!

··· 『Everyday Bias and Our Search for Belonging』의 저자,
하워드 로스

나쁜 소식은 비판적 내면의 목소리가, 특히 여성의 출세를 방해하는 일곱 가지 장애물을 강화한다는 것이다. 하지만 좋은 소식은 우리가 공감센터와 다시 연결함으로써 우리의 목소리를 비활성화시킬 수 있다는 것이다. 명확하고 실용적인 수잔의 책은 진단 작업과 자기 훈련을 결합한 것이다. 수잔은 교훈, 전문가들과의 일대일 대화, 그리고 여성들에게 힘을 실어주는 3단계 방법을 제공하기 위한 그녀 자신의 경험을 공유한다. 여러분의 생각과 감정을 확인하고, 일시 중지 버튼을 누른 다음, 여러분이 인간의 한계를 넘어 완벽하다는 것을 항상 알고 있는 당신의 공감센터에 접속한다.

··· 전 에콰도르 공화국 대통령, 자밀 마후아드

너무 많은 여성이 잠에서 깨어나고, 그들이 충분하지 않다고 말하고, 그들이 더 많은 것을 받을 자격이 있다는 것을 증명하지 못한 가차없는 비판적 내면의 목소리와 함께 산다. 이것을 읽고, 당신의 장점을 껴안고, 당신의 성공을 규정할 내면의 기쁨을 풀어라.

··· 『CEO처럼 말하고 할 수 있는 모든 리더』의 저자, 수잔 베이트

수잔 브래디의 책은 여성들의 실제적인 지혜와 동기를 부여하는 이야기로 가득 차 있고, 당신이 진보로 가는 길을 바꿀 힘이 있다고 믿을 수 있게 해줄 것이다. 자기가 훨씬 더 많은 것을 할 수 있다는 것을 아는, 누구나 반드시 읽어야 할 책이다.

··· 특출난 여성상 재단 이사장, 라레인 세길

수잔 브래디의 놀라운 책은 여성 지도자들에게 많은 강력한 통찰력을 제공한다. 직설적이고 현명하게, 그녀는 직업적인 삶에서 여성들이 직면하고 있는 가장 흔한 함정 중 하나인 그들의 비판적 내면의 목소리를 다룬다. 수잔은 개인적이고 지속적인 성취감을 창출할 수 있는 핵심 도구들을 제공하며 이 책은 모든 여성을 위한 필독서가 될 것이다.

··· The General Intelligence Group 설립자 겸 CEO, 바바라 애니스

수잔 브래디는 여성 리더가 그들의 재능과 재능을 완전히 깨닫는 것을 방해하는 결정적인 장애 요소에 목소리를 높였다. 혼잣말이 아닌 투명한 대화를 통하여 독자들을 그들의 리더십 현실로 이끌 수 있는 실행하기 쉬운 치료법을 제공한다!

··· 모건스탠리의 부사장 겸 고객 어드바이저, 칼라 하리스

비판적 내면의 목소리는 가장 뛰어난 여성도 제지할 수 있는 독소적인 힘이다. 그러나 수잔은 그 파괴적인 목소리를 잠재우는 방법뿐만 아니라 지속 가능하고, 활력을 주고, 보람 있는 일을 창조하는 방법을 알려줌에 모두 축하해줘야 할 것이다.

··· 베스트 셀러인 『How Women』과
『The Female Advantage』의 공동저자, 샐리 헬게센

나는 수잔의 비판적 내면의 목소리와 7가지 장애물이 도요타에서 여성의 삶에 깊은 의미를 부여하는 것을 보아왔다. 이 책은 모든 리더, 특히 더 높은 수준의 리더십 효과를 열망하는 여성이 꼭 읽어야 할 책이다.

··· 도요타 금융 서비스 및
렉서스 금융 서비스 전 사장 겸 CEO, 마이크 그로프

서문

완벽함에 도달하고 행동과 성취만으로 자신의 가치를 정의하는 것
이 어떤 기분인지 너무나 잘 알고 있다. 나는 모든 과목을 A 학점을
받은 학생이었고 6학년 때부터 대학원까지 B 학점을 받은 적이 없
었다. 이 학문적 발자취는 사랑받고 가치 있는 사람이 되는 것이 성
취와 결과물로 결정지어진다는 생각에 뿌리를 두고 있다. 나의 모든
자긍심은 내가 누구인가보다는 내가 한 일에 뿌리를 두고 있었다.
이 마음의 틀을 내 조직 생활 속으로 옮겼는데, 거기서 그것은 커다
란 걸림돌이 되었다.

  사람들에게 힘을 실어주고 그들이 성장하는 것을 지켜볼 수 없는
상태에서, 특이하게도 내가 한 것에만 그러한 가치를 두는 것은 바
람직한 리더십에 역행하는 것이라는 것을 깨달았다. 좋은 의도로 시
작한 것이지만, 나 혼자 다 하자고 우기는 한, 주위 사람들을 더 좋
게 만들어 주지 못하고 있었다. 나 자신의 여정을 생각하고, 이제 정
말 큰 회사의 부사장이 되는 절대적인 특권을 갖게 되었을 때, 모든
것을 다 할 필요가 없다는 것을 파악하지 않고는 이 모든 것이 가능

하지 않았을 것이다. 나도 모르게 이기적인 방식으로 일을 진행하고 있었다. 주위 사람들에게 상처를 주고 그들의 잠재역량을 제한하고 있다는 걸 깨달은 것은 받아들이기 힘든 현실이었다. 지나치게 노를 젓고 있다고 느꼈고, 그것은 사실상 리더십 능력을 방해했다.

내가 그걸 얻자마자 모든 게 바뀌었다. 다른 사람들이 새로운 일에 발을 들여놓고 오랫동안 내가 해왔던 어떤 일을 하는 것을 보면서 기쁨과 만족을 얻기 시작했을 때, 그것은 커다란 변화였다. 모든 것이 바뀌었다.

이제 수잔 덕분에 비판적 내면의 목소리를 설명할 수 있는 가장 좋은 방법을 알았고, 함께 일하는 여성, 멘토, 코치 또는 파트너에게 다음과 같이 이야기해 주고 싶다. "내가 상대방을 보는 방식대로만 나 자신을 볼 수 있다면!" 나는 그들 자신의 비판적 내면의 대화가 그들을 제약하여 능력과 기여 측면에서 그들을 방해하는 것을 본다.

이 여성들이 직면한 가장 큰 장애물은 수잔의 책에 묘사된 다른 장애물들의 결과로 자신을 억제하는 것이며, 당신의 가치, 명확성, 자신감 등을 증명하는 것이다. 때로는 개선을 더욱더 어렵게 만드는 시스템도 있지만, 비판적 내면의 대화를 방치하면 상처와 아픔의 흔적을 남긴다. 그것에 대해 우리가 직면하고 있는 하나의 예로 다음 사례를 들 수 있다.

최근에 부사장으로 승진했을 때, 자신감이 넘쳤다. 얼마 지나지 않아 본사를 캘리포니아에서 텍사스로 옮길 것을 알게 되었다. 이 움직임의 모든 것이 사람들에게 영향을 미칠 것이다. 그들의 삶은 변할 것이다. 그때 나의 비판적 내면의 목소리가 그 순간을 포착했다.

'어떻게 하면 이 일을 제대로 할 수 있을까? 넌 이것에 대해 준비가 되어 있지 않아. 넌 이런 특별한 도전을 통해 회사를 이끌어본 적이 없잖아! 그런데도 너는 팀을 이끌고 조직을 지원하게 될 것이고 그들은 같은 삶을 바꾸는 결정을 하게 될 것이다. 넌 적임자가 아니야!'

스물네 시간 동안, 자신과의 고통스러운 말다툼을 했다. 그러자 나의 이성적인 면이 자리를 잡으면서, 수잔의 여성리더십 프로그램에서의 강연을 떠올리게 했다. 난 '멈춤' 버튼을 눌렀고, 내 공감센터를 조절하였다. 다음과 같은 것을 깨달았다.

'킴, 아니, 자네는 이런 일을 해본 적이 없지만, 여기서 일하는 사람들을 깊이 챙겨야 하고, 도요타에서 숨 쉬고 생활하는 가치에 신경을 쓰는 거야. 네가 누구고 무엇을 가지고 오는지 주시할 거야.'

내가 이 장애물에 나서서 대처할 수 있게 해준 것은 교육훈련, 언어, 그리고 자각이었다. 문자 그대로 수천 명의 사람에게 그렇게 크거나 큰 영향을 미치는 직업적 경험을 다시는 하지 못할 것이다. 그것은 이 장애물들을 통달하는 것이 나에게 무엇을 의미하는지 보여주는 최근의 예에 불과하다.

수잔은 비판적 내면의 목소리가 자리를 잡으면 잠시 멈추는 법을 가르쳐 주었다. 말 그대로 머릿속에 있는 빨간 멈춤 버튼이 생각나서 누른다. 그것은 내가 멈추게 도와준다. 옳다고 생각하기보다 더 많이 들어봄으로써, 다른 사람들이 제공하는 것을 최대한 활용할 수 있다. 그리고 생각을 표현함으로써, 내가 기여할 수 있는 가치 있

는 것을 보류하고 있지 않다는 것을 확신한다. 간단해 보이지만, 그
것은 매우 의미 있었다.

수잔의 영향, 통찰력, 그녀의 정직함과 진실을 말하는 의지는 예
외 없이 애정 어린 방식으로 매우 쉽게 받아들여진다. 나는 사람들
의 삶이 바뀌는 것을 보아왔다. 다른 사람들뿐만 아니라 나와 함께
수잔의 영향력과 통찰력, 코칭 등을 지켜보는 것은 사람들의 삶을
더 유익하게 만들었다. 일을 더 잘해서 변화를 주는 방법으로 기여
를 할 때, 일을 더 늘릴 때, 의미 있는 일을 성취할 때, 누군가 자신
을 믿는다면 더 나은 부모고 파트너다. 이것은 사람들의 삶을 바꾸
는 일이다. 직장에서 효과적일 뿐만 아니라 우리 삶의 모든 면에서
더 효과적이다. 자신이 스스로 부담을 지게 한 모든 비판으로부터
자유로워질 때, 자신은 모든 면에서 더 나아질 것이다.

수잔이 매우 특별한 점은 그녀가 믿을 수 없는 재능이 있다는 것
이다. 어려운 시간을 보내는 사람들에게 공감의 언어를 통해 다른
방식으로 그들에게 영향을 줄 수 있다. 그녀는 혼란스러운 상황에서
문제의 핵심을 걸러 내는 능력이 있다. 이 책은, 수잔이 이야기하고
자 하는 모든 것을 아우르고 있다. 독자들에게 틀림없이 더 좋은 선
물이 될 것이다.

인사부문 부사장, 도요타 금융 서비스
킴 세르다

목차

1장
매끄러운 학습

◇ 뛰어넘으라고?

　모든 이야기에는 시작이 있다. 나는 함께 일하고 있는 여성들에게 그들의 내면에서 일어나고 있는 일에 대해 명확하게 설명을 하려고 했다. 처음에는 그들의 리더십에 대한 잠재력을 일깨우기 위한 다양한 방법에 초점을 맞추었다. 그러나 시간이 흐르면서 리더십 여정에서 여성들은 여러 어려움에 직면하게 되었다. 그 어려움을 무엇이라고 불러야 할지 몰랐다. 뭐라고 불러야 여성에게 적합한 그 독특함을 표현할 수 있을까? 어떤 이름으로 불러야 '그것'들을 극복하거나, 돌아가거나, 통과하거나, 넘어서는 데 필요한 의식적인 행동과도 부합할 수 있을까? 장벽, 장애물, 함정, 위기, 보기 싫은 것?

　나는 육상선수도 아니고, 허들선수는 더더욱 아니다. 허들은 육상선수가 뛰어넘는 것으로 생각했지만, 내 생각이 틀렸다. 전국적으로 촉망받던 육상선수였던 전 동료와 우연히 대화를 나눈 덕분에, 나는 그것을 알 수 있었다. 허들은 뛰어넘는 것이 아니었다. 허들선수는 길고 힘찬 보폭으로 달리는 법을 배운다. 장시간의 연습으로 비틀거리고 넘어지면서, 허공에서 가능한 한 짧은 시간에 허들을 유연하게 넘는 것을 배운다. 다음 허들까지 빠르고 자신 있게 발을 땅에 내딛는 것을 마스터하고, 자신감을 가지고 계속 달린다.

우리는 모두 예상치 못하거나, 보이지 않거나, 믿을 수 없을 정도로 높은 독특한 허들, 즉 장애물에 가끔 직면한다. 직장에서는 전속력으로 달리며 그동안 터득한 방법으로 장애물을 넘으면서, 동시에 또 새로운 장애물에 직면한다. 주어진 역할 수행, 복잡하고 새로운 과제와 프로젝트 수행, 전략적인 의사결정, 다른 사람들과 협업 등이 바로 그것이다. 운이 좋으면 장애물을 식별하고 심지어 예측하는 데 도움을 줄 수 있는 훈련을 받을 수 있을지도 모르지만, 달리고 넘어가기 위해 어떻게 해야 하는지에 대한 실제적인 통찰력이나 조언을 얻지 못하는 경우가 대부분이다.

하지만 만약에 누구도 장애물에 대해 미리 언질을 주지 않았다면? 장애물이 있다는 것을 깨달았을 때, 외롭고 혼란스럽거나, 심지어 무엇을 해야 할지 모르기 때문에 부끄러움을 느낀다면? 다양한 접근 방법을 시도했지만, 실패를 거듭한다면? 불평불만과 울먹거리는 목소리가 머릿속에서 계속 울린다면 어떨까? "이건 멍청한 짓이야. 중요한 일이 아니야!" 그보다 더 나쁜 것은, "나는 바보야. 난 중요한 사람이 아니야"라는 생각이다.

그래서 '허들'이라는 비유법을 통해 결국 이 책을 쓰게 되었다.

Linkage사의 동료들과 내가 느낀 여성들만이 직면하는 때때로 예상하지 못하는 7가지 장애물에 대해 공유하고 싶었다. 이 장애물들은 지난 18년 동안 Linkage 여성 리더십 콘퍼런스에 참석한 1만 명 이상의 여성들과 2천5백 명의 평가자가 작성한 Linkage의 데이터에서 추출한 결과물과 포춘 Fortune 지 선정 500대 기업의 능력 있고 다양한 임원들과의 인터뷰 결과를 통해 도출한 것이다.

◇ 여성들에게 주어진 과제

임원이 되길 원하는 내가 아는 대부분의 여성은 추진력, 지적인 능력이 있으며, 열성적으로 일할 의지도 있다. 그러나 문제는, 여성으로서 우리가 원하는 승진의 비율과 조직이 필요로 하는 비율에 차이가 있다는 점이다.

세계경제포럼 WEF 의 '2017년 글로벌 성 격차지수 보고서'는 144개국을 대상으로 경제적 참여 및 기회, 교육적 성취, 건강 및 생존, 정치적 권한 4가지 분야에서 성별에 따라 어떤 차이가 있는지를 분석했다. "2017년 인구를 기준으로 전 세계 성 격차 해소 상태가 평균 68.0%로 나타났다. 이는 전 세계적으로 32.0%의 격차가 남아 있다는 것을 의미한다. 2016년에는 평균 31.7%였다."

Linkage 동료들과 여성의 임원 승진을 가속하는 데 있어서 조직이 어떤 역할을 해야 하는지 배우게 되었다. 고객들이 우리와 협력한 결과, 성 평등을 창출하려는 노력에 있어서 진전이 있었던 것을 보고 감격스러움을 느꼈다.

Linkage 컨설팅 부문 임원이자 산업/조직 심리학자인 질리언 마버 이사눌라 Jillian Maver Ihsanullah 박사가 연구를 주도해, 그녀의 팀과 함께 Linkage의 여성리더십 개발 모델 Advancing Women in Leadership Model™ 과 그에 상응하는 여성 리더십 진단 Advancing Women in Leadership Assessment™ 프로그램을 구축했다. 이사눌라 박사와 그녀의 팀은 여성들이 승진하는 데 있어서 필요한 6가지 핵심 역량을 밝혀냈다. 또한, 이 6가지 핵심 역량을 측정하고, 여성이 어떤 장애물에 직면하게 될 가능성이 있는지 예측하는 진단 프로그램의 척도를 개발했다.

장애물이 여성들 개인마다 각각 다르게 영향을 미치기 때문에 측정하기 어렵다는 것은 인정한다. 하지만 이 자료에서 알 수 있는 것은 모든 장애물에 대한 지표가 여성의 전반적인 진단 점수, 리더십 척도와 높은 상관관계가 있다는 것이다. 이 연구는 장애물이 여성의 리더십 개발과 효과에 미칠 수 있는 영향력에 대한 통계적 자료를 제공한다. 반면, 이 책의 초점은 여성 리더들이 들려주는 이야기와 함께 장애물을 극복하는데 입증된 실용적인 방법에 관한 것이다. Linkage의 이사눌라 박사와 밥슨 대학의 나다 하시미 박사 Dr. Nada Hashmi 의 최근 연구 결과를 보면, 개인적인 장애물이 인구통계학적 범주뿐만 아니라 특정 인종/민족 집단의 여성들에게 다른 방식으로 영향을 미친다는 것이다. 이러한 새로운 발견들은 여전히 분석 단계에 있긴 하지만, 장애물에 대한 자기 진단의 가치는 계속 강조되고 있다는 점을 보여준다.

◇ 남성들에게는 어떤 의미인가?

　지금은 혼란스러운 시기이다. 가능한 모든 분야에서 여성들이 공평한 대우를 요구하는 요즘 세상에서 솔직히 남성들이 살기 쉽지는 않다. 내가 남자라면 이성의 멘티와 단둘이 점심 먹으러 나가도 되는지, 내 부하 여직원이 화가 났을 때 어떻게 달래야 할지 고민이 될 것 같다.

　2018년 세계여성의 날, 전 세계적으로 여성 주도의 행진과 집회가 펼쳐지면서 유례없는 참가율을 기록했다. 또한, 점점 더 많은 회사의 경영진들은 여성들에 대한 공평한 대우와 승진에 대한 약속을 이행하기 위해 실질적인 전략에 꽤 많은 시간과 노력을 쏟고 있다.

　여성 리더들을 대상으로 하는 강연의 청중 중에서 남성들을 발견할 때마다, 그들에게 동참해준 것에 대해 감사하고 "오늘은 싸우러 온 게 아닙니다"라고 말한다 이 얘기로 웃음이 터지는데, 이 주제에 내포된 긴장을 푸는 기회가 되기도 한다. 만약에 모든 분야에서 여성들에 대한 동등한 대우가 이루어지는지를 보려면, 그 여정을 함께 이끌어갈 남성들이 필요하다. 여성들에게 해를 입힌 범죄자들과 그 죄에 대한 대가를 치르게 해야 한다는 정의감은 잠시 미루어두고, 내가 아는 남성 대부분은 여성 문제에 있어서 어떤 '존재'가 되어야 하는지 알아내려고 애쓰고 있다.

　요즘 많은 남성은 언어나 신체적인 접촉으로 실수하지 않기 위해 '높은 경계심'을 갖고 있다고 한다. 남녀 불문하고 끊임없이 자기 생각과 감정을 살피는 사람들이 가장 앞서 나가는 사람들이다. 리더들이 이러한 '마음가짐을 점검'한다면 틀림없이 그런 마음가짐은 직장에서 더 권장될 것이다. 무의식적인 편견을 교육하는 산업의 성장만 봐도 충분한 증거가 된다.

요컨대, 특히 직장에서 사람들을 대할 때 우리가 의도하는 바와 우리가 미치는 영향에 대해 모두가 세심한 주의를 기울일 필요가 있다. 그러기 위해서는 자아 성찰에 관한 관심이 필요하다. 이 책을 통해서, 직간접적으로 경험한 내용을 공유하려고 한다. 이 책을 읽는 여러분에게도 자신을 되돌아보는 데 도움이 되길 바란다. 먼저 장애물들이 어떤 것들인지, 어떤 내용인지 살펴보자.

⋯ 비판적 내면의 목소리. 내 머릿속에 들리는 저 비판적인 소리는 뭐지? 어디서 나는 소리지? 누가 내는 소리인가? 이것이 모든 장애물의 시발점이자, 앞으로 설명할 7가지 장애물의 핵심이다. 우리는 다음 장에서 많은 지면을 할애해서 비판적 내면의 목소리를 풀어헤쳐 보고, 장마다 다시 살펴보겠다. 우리가 리더십 진단을 통해 측정한 7가지 장애물은 다음과 같다.

장애물 #1 | 편견. 내가 가진 신념 중, 더 이상 나에게 도움이 되지 않는 것은 무엇인가?

장애물 #2 | 명확함. 내가 뭘 원하는지 알고 있는가? 어떻게 하면 내가 직장에서 더 잘 나가기 위한 계획적인 미래를 만들어 나갈 수 있을까?

장애물 #3 | 내 가치의 증명. 어떻게 하면 일을 줄일 수 있을까?

장애물 #4 | 자신감. 내가 이 일을 할 수 있을까?

장애물 #5 | 브랜딩과 존재감. 내가 바라는 모습대로 다른 사람들은 나를 보는가? 내가 인정받고 싶은 영역에 대한 자신감을 나는 표현하고 있는 것일까?

장애물 #6 | 부탁하기. 내가 원하는 것이 나에게만 유익할 경우에 어떻게 부탁해야 하나?

장애물 #7 | 관계구축. 나는 전략적으로 네트워크를 개발하고 활용하고 있는가?

이제 함께 이 과제를 단순화시키는 작업을 할 것이다. 장마다 다음과 같은 내용을 다루려고 한다.

① 중요한 질문. 이 특별한 장애물이 당신에게 어떤 결과를 요구하는가?
② 중요한 거짓말. 망각하고 있으라고 자신에게 말하고 있는 것은 무엇일까?
③ 이 장애물을 의식적으로 받아들이면 어떤 일들이 가능하게 될까?
④ 당신의 비판적 내면의 목소리 때문에 어떤 실수를 하게 되는가?

그런 다음, 각 장에서 현재 일어나고 있는 상황들을 더 잘 이해하고 다른 사람들과 공유하는 데 도움이 될 연구 결과를 포함하여 장애물에 대한 자세한 시각을 제공할 것이다. 장애물을 뛰어넘기 위해 무엇을 변화시켜야 하는지에 대한 도움을 얻을 수 있을 것이다. 그리고 다른 여성들은 어떻게 장애물을 극복했는지에 대한 실제 경험담을 듣게 될 것이다.

자신의 성과뿐만 아니라 개인적인 이야기와 가치관, 그리고 그들이 직면했던 장애물들을 솔직하게 공유해 주는 여성들을 만나는 일은 아주 중요하다. 이 책에 나오는 모든 여성은 정말로 중요한 것을 바꾸기 위해 자기인식을 넓히기 위해 노력하고 있다. 그들은 모두 한두 번 혹은 그 이상 장애물에 직면했고, 그들의 비판적 내면의 목소리를 조정할 방법을 찾아냈다. 이 여성 리더들의 이야기는 정말 대단하다. 그들은 행동을 취함으로써 긍정적인 영향을 경험했을 뿐 아니라, 장애물을 극복하는 데 필요한 기술과 능력을 개발하였다. 이 책을 읽는 독자들에게 시간을 내서 경험을 공유해 준 여성들은 대단한 리더이기 전에 훌륭한 사람들이다. 그들의 이야기에 감동하고 영감을 받았으면 좋겠다고 생각한다.

마지막으로, 각 장에서 수천 명의 여성을 대상으로 한 Linkage의 성공적인 경험을 바탕으로 선별된 자료를 제공할 것이다. 이 책을 종합해 보면 다음과 같다.

- 장애물을 식별하고 관리하며 궁극적으로 극복함으로써, 원하는 것을 더 많이 얻는 데 필요한 투명함을 확보할 수 있는 도구와 자신감을 제공한다.
- 특정한 장애물을 극복하기 위한 능력과 사고방식의 변화를 의식적으로 개발시킨 여성 리더들의 고무적인 이야기와 실용적인 지혜로 동기를 부여한다.
- 자아 발견의 여정을 진행하는 동안, 더욱 만족스러운 방법으로 주변 생활에 참여할 수 있도록 에너지를 부여한다.

시작하기 전에 개인적인 견해를 공유하고 싶다. 개인적으로 수년 동안 관심을 가져왔던 것은 직장에서 성장하고 임원으로 승진하는 과정에서 여성들이 이미 맡고 있거나 맡을 가능성이 있는 역할이다. 사회나 직장에서 일어나고 있는 불평등한 상황들을 '고치는' 것이 우리의 일은 아니지만, 속해 있는 조직에서 더 높은 곳으로 올라가기 위해 해야 하거나, 하지 말아야 할 일들이 있는가?

내가 내린 결론은 여성들은 작금의 상황을 훨씬 더 잘 평가할 필요가 있다는 것이다. 두려워하지 말고 우리의 성장을 위해 장애물을 인식하고 판단하며, 그에 따른 단호한 조처를 할 필요가 있다. 왜냐하면, 장애물이 보일 때, 자신을 꼼짝 못 하게 하는 내면의 소리를 차단하면, 부족하지만 장애물을 성공적으로 넘어서는 경험을 갖게 된다. 그리고 그 장애물에 이름을 붙이고 이야기하고, 그 장애물에 대한 우리의 경험을 공유하고, 그것을 '제거'하는 방법을 배우게 되면, 그때서야 비로소 성장하는 우리 자신을 보기 시작하고 다른 사람들이 장애물을 넘어설 수 있도록 도울 수 있다. 우리는 의식적으로 장애물을 넘어설 수 있다.

이제 장애물을 넘어보자!

2장

내면의
목소리 다루기

잠깐이라면 무시할 수 있겠지만, 훈계, 좌절, 가혹함, 경멸을 표현하는 내면의 목소리는 가장 취약한 시점에 나타난다. 예를 들자면 스트레스를 받고 있거나, 불안하거나, 불행하거나, 지치거나 혼란스러울 때이다. 이 '내면의 목소리'는 교훈적일 수도 있고, 살아가면서 인간관계를 맺을 때 도움이 될 수 있는 감정이나 생각들을 우리에게 알려준다. 하지만 최악의 경우에는, 이 내면의 목소리가 자신뿐만 아니라 다른 사람들에게도 불쾌하게 공격적으로 느껴질 수도 있다. 비판적 내면의 목소리 의도와 상관없이, 그 내용 자체는 사랑, 기쁨, 동정, 연민과는 거리가 멀다.

◇ '비판적 내면의 목소리'란 무엇인가?

내 경우에는 나 자신뿐만 아니라 타인에 대해 비판적인 내 머릿속의 목소리다. 비판적 내면의 목소리는 유익한 것일 수도 있다. 만약 우리를 짜증 나게 하는 사람이나 상황이 생긴다면, 그것은 대부분 그럴 만한 이유가 있어서다. 그런 생각이 처음 들 때, 그 사람이나 그 상황에 뭔가 문제가 있을 가능성이 있다. 뭔가 이상하다는 것이다. 우리는 잠시 순간적으로, "이게 뭐지?"라고 생각한다.

그러나 비판적 내면의 목소리가 계속 남아서 매일 시끄럽게 하고 점점 더 가혹해지면, 그 효용성은 떨어지고, 이제는 그 목소리가 좀 조용해졌으면 좋겠다는 생각이 든다. 바쁜 직장여성들은 1미터짜리 장애물을 순간적으로 뛰어넘어야 할 필요가 없는 만큼, 심신을 피폐하게 만드는 머릿속의 목소리도 필요하지 않다.

우리가 자신에게 비판적이라는 것을 알게 되면, 자신에게 관대해지는 방법을 연습할 필요가 있다. 다른 사람들에게 비판적이라는 것을 알게 된다면, 그들과 그들이 처한 상황에 대해 강한 호기심을 가지고 공감을 연습해야 할 필요가 있다. 누군가에게는 쉬울 수도 있지만, 또 어떤 사람에게는 어려운 일일 수도 있다.

그렇다면 당신의 비판적 내면의 목소리가 행동, 부족한 점, 또는 매일 내리는 결정에 대해 당신을 질책하고 실수하게끔 하는 물리적, 감정적, 정신적 특성으로는 어떤 것이 있을까? 비판적 내면의 목소리는 사소한 불안으로 시작해서 그것을 발판 삼아 당신의 자존심을 무너뜨리고 승진 기회를 가로막는 크기로 확장하는 힘이 있다.

우리가 이 책에서 탐구할 다른 7가지 장애물들은 비판적 내면의 목소리가 나타났다는 증상이며, 조기에 발견한다면 사전 방어도 가능하다. 하지만 그와 동시에 당신의 비판적 내면의 목소리 때문에 다른 장애물이 나타나더라도 인식하지 못하고, 결국 그 장애물을 뛰어넘지 못하게 될 수도 있다. 근본적으로 비판적 내면의 목소리를 정복하려면 나타나는 장애물에도 동시에 주의를 기울여야 한다. 그리고 비판적 내면의 목소리를 훈련하고 방향을 전환하는 법을 배우면 다른 장애물도 쉽게 넘을 수 있다.

내 마음속에서는 스스로 가치 있고 완전한 사람이라는 것을 알고 있는 편한 공간이 있다. 무슨 일이 생기더라도 그 공간으로 갈 방법을 알게 되었다. 그러지 않았다면 그 어떤 장애물도 인식하거나 뛰어넘을 수 없었을 것이다.

어렸을 때, 자신감 있고 친근하게 보이기 위해 시간과 노력을 쏟았지만, 속으로는 부족하다고 느꼈다. 내가 가진 '열등감'의 대부분은 내 몸이 주는 이미지에서 비롯되었다. 6학년 때 키가 거의 180cm였다. 나는 덩치도 키도 너무 컸으며, 안경도 썼다. 나에게 맞는 것은 아무것도 없다는 느낌이었다. 이런 나 자신이 불편하고 어색했다. 특히 작고, 운동도 잘하고, 날씬하고, 시력도 좋은 여자아이들 주변에 있을 때는 더더욱 그랬다. 나는 어쨌거나 눈에 띄었지만, 결코 내가 원하던 방식은 아니었다.

남들과 다르게 느껴진 자신 때문에 아주 어렸을 때부터 비판적인 내면의 목소리를 갖게 되었다. 그 덕분에 내가 얼마나 다른지, 그리고 부족한지를 스스로 자꾸만 상기하게 되었다. 시간이 조금 흘러, 리더십과 일 처리 능력에 조금 자신이 생기게 되었다. 무의식적이긴 했지만, 나의 내면의 목소리도 발전했다. 비판적인 목소리를 내가 아닌 내 주변 사람들에게 내게 된 것이었다. 나도 모르게 다른 사람들에게 영향을 미치고 있었다. 특히 내가 그들보다 더 많이 안다고 느낄수록 더 심했다. 하지만 다행히 어떤 계기로 멈출 수 있게 되었다. 거울 속에 비친 내 모습을 보고 나서였다. 거울 속의 나는 외모를 비하하는 내용의 혼잣말을 중얼거리고 있었다. 너무 보기 싫었다.

이러한 비열한 목소리가 나와 내 인간관계에 미치는 영향에 대해 처음 알게 된 것은 베스트셀러 작가이자 유명한 심리치료사인 테리 리얼Terry Real 과 함께 일하면서였다. 테리 대인관계연구소 Terry's Relational Life Institute 는 부부들을 대상으로 한 집중 훈련 캠프를 열어, 부부들이 관계를 친밀하게 잘 관리하고 유지하는 방법을 알려주기도 했다.

행동을 변화시키기 위한 개념적 틀도 마찬가지지만, 관계를 관리하는 것은 '우리'로부터 시작된다. 내가 테리에게 배운 것은, 다른 사람들을 분석하는 것은 익숙하면서도 더 쉽지만, 내 생각과 감정을 통제하는 것부터 시작하는 방법이었다. 가장 중요한 과제는 비판적 내면의 목소리를 인식하고 그것이 어떻게 내 인생을 파괴하고 혼란을 일으키는지 아는 것이었다.

테리와 그 연구소의 전문 치료사들에게 배운 것이 있다. 내가 부족한 점에 대해 그렇게 많은 감정적 고통에 시달릴 필요가 없다는 것이다. 더 쉽게 인간관계를 맺어갈 수 있다. 스트레스를 덜 받으면서 훨씬 쉽게 갈등을 헤쳐나갈 수 있다. 어떤 상황에서도 내가 소중하다는 것을 느끼고 다른 사람들이 가진 특별한 가치에 대해 섬세하게 반응할 수 있게 혼자 연습할 수 있다.

이러한 개념들을 알게 된 후, 나는 더 발전하게 되었다. 내가 얼마나 불완전한지 알게 될 때마다 나의 가치와 완전함을 느낄 수 있는 감정의 공간, 내가 비판하려는 사람에 대한 호기심과 공감을 불러일으키는 마음의 공간으로 되돌아가려는, 즉각적이고 순간적인 연습을 할 수 있게 된 것이다.

이것이 우리가 연민과 호기심의 공간, 즉 '공감센터'라는 곳으로 되돌아가는 연습이라고 강조하고 싶다.

◇ **자신의 비판적 내면의 목소리가 타인에게 향해 있을 때**

비판적 내면의 목소리가 자신의 단점이나 결점이 아니라, 다른 사람에게 향해 있다면, 그 상대방은 본인도 완벽하지 않으면서 자신이 가장 잘 안다고 잘난 척하거나, 호기심이 부족하거나 오만한 사람이기 때문일 것이다. 이런 생각들을 실제로 소리 내서 말할 일은 거의 없겠지만, 이런 생각을 표현함으로 인해 다른 사람들이 당신의 비언어적이고 독선적인 경멸의 감정을 느끼거나 감지하게 해서는 안 된다.

비판적 내면의 목소리가 자신이 아닌 다른 사람을 향했을 때, 그것을 다스릴 수 있는 마법의 상자가 있다고 가정해 보자. 상대방이 '바보 같은 사람'이라는 생각이 머릿속을 가득 채운다면, 동시에 진심으로 그 사람에 대해 호기심을 가지거나, 상대방의 처지를 이해하려는 생각을 할 수 없게 된다.

그래서 마음속의 메커니즘을 구축해야 한다. 먼저 화남, 짜증, 혐오감 등의 감정을 인식한 다음, 한심함, 바보 같음, 괴물 같음 등의 생각을 인식하고, '중지' 버튼을 눌러야 한다. 일단 생각을 멈추어야만 호기심 있는 사고로의 의식적 전환이 가능하다. 예를 들어, 화를 내거나 지나치게 감정적인 사람과 직면할 때 짜증이 난다고 가정해보자. 그들을 무시해 버리거나 비슷한 행동을 하는 대신에, 호기심으로의 전환은 우선 당신이 짜증 난다는 감정을 인지하고 호기심이 생길 때까지 그 감정을 멈추는 것을 의미한다. "무슨 일로 이렇게 화를 내는 걸까? 원래 그런 성격인가, 아니면 이런 행동을 촉발하는 이유가 있는 것일까?"

이와 같이 질문하는 방법을 연습하려면 메릴리 아담스 Marilee Adams 박사의 질문연구소 Inquiry Institute 연구를 알아보라. 사고와 의사소통에서 질문의 중요성에 대한 두뇌 기반의 지식을 이용하여 만들어진 질문 사고방식 QUESTION THINKING™ 의 개념을 개발했다. 연민과 더불어 호기심은 비판적 내면 목소리의 가장 영향력 있는 요소이다.

◇ 비판적 내면의 목소리가 당신에게 향했을 때

나의 경우 비판적 내면의 목소리가 비열해지도록 부추기는 때는 내가 의도하지 않은 말투로 말하는 것을 느끼는 순간이다 예를 들면 넌 너무 긴장하고 있어!. 다른 단어와 말투로 말했으면 좋았을 거라고 후회할 때 말하기 전에 좀 더 신중하게 생각해 보라고! 도 마찬가지다. 아니면 내가 가르치는 것과 내가 하는 행동이 일치하지 않음을 느낄 때이다 너도 이걸 잘 못하지? 누가 누굴 가르친다는 거지?.

『여성이 어떻게 비상하는가: 다음 단계, 승진, 혹은 직장에서 걸림돌이 되는 12가지 습관들을 깨』라는 책의 저자, 샐리 헬게센Sally Helgesen 과 마샬 골드스미스 Marshall Goldsmith 는 용서와 자기성찰이 섣불리 판단하거나 자책하는 경향이 있는 여성들에게 가장 강력한 도구라고 주장한다. 만약 여성들이 원하는 삶을 살아가고 완전한 잠재력을 실현하고 싶다면, 지속적으로 때로는 순간순간마다 자신과 다른 사람들에 대한 용서가 필수적이라는 것을 덧붙이고 싶다.

자신의 비판적 내면의 목소리가 얼마나 자주 당신의 삶의 질을 방해할 수 있는지에 대해 진지하게 생각해 보는 것이 필수적이다. 그 이유는 당신의 자존감과 타인의 가치에 대한 감각을 공격하기 때문이다. 장애물을 극복하면서 비판적 내면의 목소리를 다스리는 일은 당신의 성공에 필수적이다. 위험을 감수하고 새로운 사고방식과 행동방식을 취할 때, 개인적인 힘과 중심이 되는 내적 '근육'이 필요할 것이다. 파괴적인 자기 대화의 광기를 멈추고 연민과 호기심으로 그것을 대신할 때, 당신 자신과 이해관계자들의 삶을 변화시킬 수 있다. 만약 비판적 내면의 목소리가 주도하고 있다면, 변화하거나 변화를 받아들이는 것은 어렵다. 상황을 진심으로 수용하고 감싸는 일은 더더욱 어렵다.

어느 기분이 좋았던 날, 다른 사람들과 갈등을 더 적게 겪었던 날을 상상해 보라. 잘하려고 애쓰다 에너지가 고갈되던 날이 아닌 날, 받아서는 안 되는 것들을 받지 않은 날을 상상해보라. 사람들이 당신의 사고방식이 더 개방적이고, 더 행복해 보이고, 긴장감이 덜 해 보인다고, 달라 보인다고 한다면, 어떤 일들이 가능할까?

불안을 느끼고 자신을 위축시키고 포기하고, 다른 사람들로부터 동의를 얻으려고 하고, 물건을 사고, 혹은 어떤 성취한 일에 대한 감사를 들으려고 할 때 이 모든 것이 이성적으로는 긍정적이지만 덧없는 대안를 상상해 보라. 예민한 순간에 잠시 멈춰 서서 연민이라는 숨을 들이켜 보고, 지금 이 순간에도 당신은 충분히 가치 있다고 자신에게 상기시키고 그 느낌이 진짜인 것 같고 좋게 느껴진 날을 상상해 보라. 그럼 어떤 일들이 가능할까?

당신을 실망하게 하고 다른 사람들에게 어떤 영향을 미치는지 상관없이 본인이 원하는 대로 행동하여 당신을 화나게 하는 사람들을 멀리하는 것을 상상해 보라. 다른 사람들에게 어떤 영향을 미치는지 상관없이 내 방식대로 일을 처리해 달라고 요구하는 사람에게 화났음을 표현하는 것을 상상해 보라. "나는 옳고/그들은 멍청하다"라는 생각을 잠시 멈추고 타인에 대한 연민을 들이마시는 것을 상상해보라.

그들을 가치 있는 사람으로서 존중과 호기심으로 대하는 것을 자신에게 상기시키는 날을 상상해 보라. 그럼 어떤 일들이 가능할까?

◇ 비판적 내면의 목소리 숙달하기

 비판적 내면의 목소리가 삶에서 해왔던 역할에 대해 생각해 보았다. 그리고 머릿속에서 산만하고, 가혹하고, 항상 비판하는 목소리를, 단순하지만 쉽지 않은 훈련 방법에 대해 다른 사람들과 종종 공유했다. 요약하자면, 매우 지나치게 비판적 내면의 목소리를 연습하고 많은 장애물을 연속적으로 만들어내는 것이 바로 내 삶 자체였다. 하지만 이 같은 사건들은 또한 나에게 비판적 내면의 목소리를 마스터하려는 의지를 불러일으켰고, 장애물을 뛰어넘는 법을 배울 용기를 주었다. 설명하자면 다음과 같다.
 내 얘기는 정글북의 이야기와 관련이 있다. 다만 다른 점은 어린 소년이 늑대 가족에 의해 길러지는 대신에, 남자들에 의해 길러진 어린 소녀였다. 어릴 적에 나는 '선머슴'도 아니고 '공주님'과도 아니었다. 어떤 고정관념에도 맞지 않았다. 나는 여성스러움에 대해 전혀 생각하지 않았다. 정글북에 나오는 소년 모글리와 공통적인 부분은 있는 그대로 받아들여지고 사랑받고 용기를 주는 공동체에서 자랐다는 것이다.

몇 년 후에는 알게 되었지만, 당시에는 어색함을 인식하지 못했지만 어떤 소속감을 느꼈다. 나는 홀아버지 밑에서 자란 어린 소녀였고, 어린 고아 소녀 애니처럼 짧고 붉은 곱슬머리에, 플린스톤 브랜드의 안경을 쓰고, 게다가 한동안 내 왼쪽 시력을 강화하기 위해 오른쪽 눈 위에 안대를 썼고, 평균보다 큰 키에 짧은 바지와 셔츠를 입었다.

어렸을 때 내가 다른 사람들과 다르다는 불안함을 느꼈던 부분이 있었다면 아버지로부터 받은 사랑으로 대부분 상쇄되었다. 아버지는 재미있으시고, 사랑을 많이 주셨고, 마음이 따뜻하고, 배려심 많고, 용기를 주셨으며, 말씀을 잘하셨다. 그는 집안일을 혼자 책임졌고, 돈을 벌었고, 아이들을 돌봤다. 아버지는 홀로 두 아이를 키우겠다고 처음부터 결심한 건 아니었고, 내가 10대 초반이 되어서야 비로소 새로운 삶의 파트너인 새어머니 마리아를 만났다. 마리아의 도움을 받기 전까지는 아버지가 모든 것을 넘치는 사랑으로 관리하셨다. 나의 부모님께서는 내가 3살 때 이혼하셨고, 오빠와 나는 아버지와 함께 작은 뉴잉글랜드 섬에서 자랐다. 어머니께서는 섬을 떠나셨고, 우리는 일 년에 몇 번 어머니를 만났다. 이상적인 환경은 아니었지만, 매우 다른 두 개의 세계, 즉 홀아버지가 사는 작은 공동체의 섬에서 사는 세계와 어머니와 외가 친척이 사는 뉴욕시 브로드웨이 거리, 비즈니스 세계로부터 배울 수 있는 혜택을 누렸다.

새아버지 데이비드 David 는 내가 8살 때 어머니와 결혼했다. 그는 뉴욕에 있는 큰 출판사에서 광고 담당 임원으로 일했고 그 후에 주요 잡지의 발행인으로 일했다. 그가 사무실로 초대한 날은 중학생일 때였다. 이 경험을 마치 어제 있었던 일처럼 회상한다. 활기 넘치는 혼잡한 도시는 짜릿했다. 그의 사무실이 있는 고층 빌딩은 맨해튼 중심부에 있었고, 중요한 일들은 모두 한 블록 반경 안에서 일어나는 것처럼 느껴졌다. 음식, 냄새, 사람, 그리고 속도, 이 모든 것이 전율처럼 느껴졌다! 그러나 기억에 가장 남는 것은 새 아버지와 함께 그의 사무실에 들어가 사무실 밖에 앉아 있는 아주 상냥한 여자의 인사를 받았던 일이다. 비서는 새 아버지의 코트를 받아주었고 커피를 가져다주고 그날의 일정표를 건네주었다. 새아버지는 외향적인 사람들이 그러하듯이 비서에게 친절하고 감사한 마음으로 대했다. 새아버지의 사무실은 가장 안쪽에 있었고, 고급스러운 가구와 벽에는 아름다운 그림들이 걸려 있었다.

나는 새아버지가 그의 일을 정리하는 데 도움을 주는 사람이 있다는 것이 행운이라고 생각했던 기억이 난다. 우리 어머니는 코네티컷 교외에 있는 보험 대리인의 개인 비서였고, 자주 엄마가 일하는 곳에 따라가서 서류와 우편물 정리하는 일을 도와주곤 했다. 전에 사무실에 가 본 적이 있었고, 업무를 관리하는 데 도움을 주는 우리 엄마 같은 사람들 때문에 일이 어떻게 돌아가는지를 보았기 때문에, '지원 부서'에서 일하는 사람들에 대해 진심으로 감사하고 있다. 하지만 새아버지의 '다른 쪽 세계'에 눈을 뜨자 나도 모르게 경외심은 더욱 강화되었다. "너도 언젠가 이 일을 할 수 있을 거야" 두 부모님의 격려가 합쳐져 마음먹은 일은 뭐든 할 수 있다는 자신감을 갖게 되었다.

어찌 된 일인지, "난 할 수 있어"라는 생각과 함께 나는 불안하지만 활동적인 고등학생으로부터, 성적 좋은 대학생을 거쳐, 그리고 자기 의심으로 괴로워하는 시간 이외에는 능력 있는 일벌레이자 아주 추진력 있는 젊은 직장인으로 변해 있었다. 이 비판적 내면의 목소리를 가진 괴물 같은 존재는 누구이고 어디서 왔을까? 어떻게 하면 나를 지배하는 그 놀라운 힘을 제거할 수 있을까? 알고 보니 치료제는 가까이 있었는데, 난 그걸 몰랐다. 이제 공감의 세계로 들어간다.

◇ 공감센터에 접근하기

'공감센터에 접근하기'가 좀 감상적이고 뉴에이지 치료법처럼 들린다고 생각하는가? 공감의 핵심은 고통을 덜고자 하는 욕망이다. 스트레스를 받거나 좌절하거나 불안전하거나 비생산적이거나 우유부단하다고 느낀다면, 그것은 실로 고통이다. 고통의 규모는 아주 작을 수도 매머드급일 수도 있다. 공감센터는 새로 만들 필요가 없고, 단지 그곳에 접속하기만 하면 된다. 일곱 개의 다른 장애물, 그리고 그들의 근원지를 전제로, 당신의 공감센터는 당신이 사는 곳이며, 당신이 지금 가치 있는 사람이라는 것을 완전히 이해해 주는 곳이다. 이곳은 당신이 다른 사람보다 더 뛰어나지도 더 부족하지도 않다고 깊이 믿어주는 곳이다.

공감센터에 접속하는 것은, 세상에 당신을 지금보다 더 가치 있게 만들어 줄 어떤 대상, 즉 당신을 사랑해 줄 사람, 기쁘게 해 줄 물건이 있다고 믿게 만들거나 또는 당신에게 성취감을 안겨주지 않는다고 믿게 만든다. 당신이 어떤 언어를 구사한다고 해도, 아무리 돈을 많이 벌어도, 사는 집과 도시, 높은 산을 정복했든지 등 모두와 상관없이, 지금 이 순간 인간으로서 충분히 가치 있는 사람으로 받아들인다.

사랑받고 있는 그대로 받아들여진다는 것은 정말 멋진 일인가? 물론이다! 우리가 돈을 더 벌면 생활이 더 여유가 있을까? 그렇다! 어떤 기술을 배우고 익히면 기분이 좋은가? 물론이다. 승진 제의를 받는 것이 보람 있는 일인가? 그렇다고 생각한다. 목표를 세우고 그것을 달성하는 것은 굉장한 일인가? 그렇다.

하지만 당신이 스스로 말하는 큰 거짓말은 이런 일들이 당신에게 영원히 평화와 행복을 가져다줄 것이라는 생각이다.

당신은 사랑받고 다른 사람의 마음을 얻으려고 한다. 더 크고 어려운 목표를 달성한다. 결국, 더 많은 것을 이루기 위해서이다. 어쩌면 다음에 구매하는 유명 브랜드의 핸드백, 혹은 디자이너 옷, 고급차, 더 큰 집은 당신이 연상하는 모습으로 느끼게 해 줄 것이다. 당신을 받아들이고 사랑해 줄 사람이 당신이 느끼는 내면의 부분을 메워줄 것이다. 다음 목표, 즉, 직위, 역할, 책임감의 수준이 높아진 리더 자리에 도달했을 때 당신은 마침내 만족할 것이라 믿는다.

"만약 내가 ~ 한다면"식의 존재가치 전략은 승리로 이끄는 전략이 아니다. 다른 사람들이 가치 있게 보이려고 물건을 사들이거나 열심히 일하는 것을 목격한다. 영원한 가치란 없기 때문에 효과가 없는 것이다. 자신감에 관한 주제를 한 장에 할애하겠지만, 존재가치와 자신감은 다르다는 점에 유의할 필요가 있다. 하지만 둘은 혼동되어 사용된다. 가치는 당신이 믿는 것이고, 자신감은 노력해서 쌓아가는 것이다. 생각해 보라. 만약 여러분이 제2외국어를 더 자신 있게 구사하고 싶다면, 가장 좋은 방법은 그 언어로 말하고 연습하는 것이다. 노력한 결과, 외국어가 향상될 것이고 그 언어를 말할 때 자신감이 높아질 것이다. 이것은 당신이 다른 사람들보다 더 나은 존재여서가 아니라, 아마도 그 언어를 더 잘 말할 수 있는 자신감에서 오는 결과이다.

자신감과 존재가치 사이에 혼동이 있다면, 그건 외국어를 더 유창하게 말하게 되면 더 나은 인간이 될 것이라고 믿기 때문이다. 즉, 새로운 기술로 인해 다른 사람들보다 더 나은 사람이라고 믿는 것이다. 사실, 이것은 가치에 대한 잘못된 의식이다. 왜냐면 만약 당신이 중요한 순간이나 새로 배운 제2외국어로 적합한 단어를 떠올릴 수 없다면 어떻게 될까?

당신은 그 외국어로 많은 사람보다 더 유창하게 말할 수 있고 그렇기 때문에 그 언어를 말할 때 자신감이 증가할 것이다. 하지만 그렇다고 당신이 다른 사람들보다 더 우월하거나 당신이나 다른 사람들의 존재가치가 변하는 것은 아니다. 당신이 제2외국어를 배우기 전에 이미 가치 있는 사람이었고 그건 다른 사람들도 마찬가지다.

다음과 같은 상황을 상상해 보자. 당신은 해외 국제 학회에 참석하고 있고 리셉션에서 잡담하고 있다. 새로 배운 외국어로 말할 얼마나 좋은 기회인가. 그 언어를 할 줄 아는 사람이 있는지 해당 언어로 물어보면 사람들은 침묵할 것이다. 그러자 한 사람이 "나는 그냥 조금 말할 줄 안다"라고 대답한다. 그 외국어로 좀 더 자세히 물어보면, 당신은 그 사람보다 훨씬 더 똑똑하다는 것을 알게 된다. 당신은 의기양양해져서 이렇게 생각한다. '맙소사! 이 사람은 그 언어를 모국어로 쓰는 나라에서 살고 있지 않은가?' 당신은 3개 국어를 유창하게 할 줄 아는 굉장한 사람인 것이다! 어깨가 으쓱해지고, 턱을 치켜들고, 당신이 최고라고 느껴질 것이다.

몇 명이 방에 들어오고, 당신이 그 외국어로 말하는 것을 듣는다. 그들은 기뻐하면서 빠른 속도로 그 외국어로 말하기 시작하면 당신은 그들의 억양과 빠른 말의 속도를 따라가지 못하고 완전히 길을 잃은 기분이 들 것이다. 결국, 밑바닥까지 떨어진 기분일 것이다. 당신은 현실보다 훨씬 더 나아졌다고 생각했던 것이다. 이 사람들의 외국어는 당신보다 훨씬 더 유창하다. 당신은 바로 조금 전에 다른 사람들보다 더 낫다고 생각해서 한껏 부풀어 올랐던 자신이 부끄러워질 것이다. 당신의 어깨는 처지고 그 자리를 떠날 구실을 찾을 것이다.

당신은 아마 이렇게 생각할지도 모른다. "이건 완벽하지 않은가? 인생은 우리를 일으켜 세우기도 하고 쓰러뜨리기도 한다. 그런 과정을 통하여 회복력과 민첩성, 겸손을 익히는 것이 아닌가?"

꼭 그렇지는 않다. 예를 들면 우리는 인간이기에 불완전하다는 것을 인식하는 것이 필요하다. 우월감이나 열등감 같은 극단적인 생각은 우리가 풀어야 할 과제이다. 특히 여성들과 함께 일했던 내 경험으로 볼 때 다른 사람보다 우월감을 느끼다가 열등감으로 바뀌는 '극단적인' 본질은 그들과 그들 주위의 사람들을 힘들게 하는 원인이다. 남성들도 비판적 내면의 목소리를 가지고 있다. 하지만 여성들은 그것에 이름을 붙이고, 대화하기를 원한다. 수천 명의 여성들로부터 받은 피드백은 우리가 극복해야 할 장애물들을 고려할 때 비판적 내면의 목소리가 여성들에게 더 날카롭다는 사실이 확인되었다. 그래서 공감센터에 접속하고 거기서 행동을 취하는 것이 매우 중요한 것이다.

공감센터가 필요할 때마다 떠올리고 필요할 때 돌아갈 수 있는 공간으로 상상해보자. 용서, 공감, 연민, 유머가 있는 공간이다. 또한 무엇이든 조심스럽게 대하라는 주의를 준다. 당신의 공감센터는 아이가 자전거에서 떨어진 후 울고 있을 때 그 아이를 안고 "괜찮아, 여기 내가 있잖아"라고 얘기해주는 당신의 마음이다. 그 핵심은 사랑이다. 그곳은 수용하는 곳이다. 그곳은 안전함이 만들어지는 곳이다. 만약 공감센터의 티셔츠에 슬로건을 달았다면, "너는 온전하고 너무 중요한 사람이야"라고 할 것이다.

공감센터에 대한 접근을 제대로 하지 않았다면, 당신은 존재가치를 다른 곳에서 찾았을지도 모른다. 좋은 소식은 비판적 내면의 목소리에 숙달하기 위한 핵심 요소인 당신의 공감센터에 근육이 이미 존재한다는 것이다. 그 근육이 어디 있는지 알고 사용하기만 하면 된다. 만약 성인이라면, 가치 있는 사람으로 다시 느끼게 해 주는 것이 부모님이나, 파트너, 동료, 자식이나 친구의 일이 아니다. 당신을 믿고 행동으로 옮기라고 격려하는 사람들이 있다면 도움이 된다. 하지만 만약 다른 곳에서 다른 사람들이나 상황이 여의치 않아 실망할 수도 있는데, 스스로 가치 있고, 완전하며, 바로 지금, 여기 있다고 말할 수 있는 당신 내면의 한 부분을 찾을 수 있다면, 왜 그렇게 하지 않는가?

나의 목표는 가능한 한 자주 나 자신과 다른 사람들과 함께 공감센터에 있는 것이다. 이것은 반복된 연습으로 습관이 된 선택이다. 그것은 호의에, 관대함에, 그리고 풍족함에 뿌리를 두고 있다.

공감센터에서 머무르며 이끌어가는 순간들은 이렇다. 마음을 열고 이 상황이나 대화에 무언가 가치 있는 것을 가져왔다고 믿는다. 누구와 알고 지내는지, 무관하게, 기본적으로 인간으로서 더 우월하거나 열등하지도 않다는 것을 알고 있다. 다른 사람들을 존중하고, 마음을 열고 있으며 그들이 어떤 상황이나 대화에서 가치 있는 무언가를 가져다준다고 믿는다. 연결점을 찾고 있다. 배우고 성장하기 위해 탐구하고 있다. 다른 사람들에게도 그리고 나와 내 재능에 대해서도 무척 감사한다. 의식적으로 감사함을 느끼는 자신을 발견한다. 내가 힘을 얻을 때, 나의 멋진 모습을 깊이 받아들이고 다른 사람들의 멋진 모습도 기대한다. 우리 모두 인간이기에 불완전하다는 것을 알고 있다. 다른 사람들과 동일하게 멋지기도, 또 불완전하기도 하다. 여기가 '행복한 곳'이라고 말할 수 있다. 원할 때 언제든지 이용할 수 있다. 다른 사람들도 이와 같은 공간을 가질 수 있다.

하지만 솔직히 말해서, 인생은 항상 우리가 공감센터라는 '행복한 공간'에서 마냥 돌아다니게 놔두지 않는다. 실제로 우리는 불완전하다는 사실에 직면하게 되기도 한다. 어떤 구체적인 상황에서 충분하지 않다는 느낌, 다른 사람이 불완전하다는 것에 실망감을 느끼거나, 심지어 분노에 직면하게 된다. 이때부터 광기가 시작된다.

승진에 대한 이야기를 한 지가 1년 6개월이 지났다고 가정해 보자. '월급 동결'이나 '실적 평가' 때문에 승진을 못 했다. 당신은 이미 업무가 더 복잡해진 직무를 수행하고 있고, 1년 6개월 동안 업무를 익혔고, 그 결과에 대해 이미 문서화해 놓았다. 그 결과를 공식화하려면 직위, 포상, 그리고 연봉인상이 수반되어야 한다. 조직 생활에서, 이런 일은 흔한 상황인 동시에 비판적 내면의 목소리가 개입하기 좋아하는 상황이다.

"네가 부족한 게 분명한데 왜 다시 얘기를 꺼내?" "모험하지 말자, 그래도 월급은 꾸준히 받고 있잖아!" "그들이 탈락시킬 또 다른 이유를 찾을 테니까 신경 쓰지 마." "저 바보가 그 자리를 덥석 물려고 기다리고 있어."

만약 이 부정적인 자기 대화가 화난 상황이 아니라고 생각한다면, 다음을 고려해 보라. 비판적 내면의 목소리는 부정적 성향, 불안감, 고립감, 침체와 비참함을 먹고 산다. 가장 강력할 때는 당신을 더 비참하게 만들 것이다. 왜냐하면, 당신은 인생의 결실인 소중한 시간과 경험을 놓치고 있기 때문이다.

여러분의 신체 어딘가에 공감센터를 상상하라. 나는 내 몸의 중심인 배꼽을 생각한다. 공감센터 생각을 하면서 숨을 들이마실 때 횡

격막의 움직임을 느끼고, 비판적 내면의 목소리가 화의 기운을 내뱉을 때 몸의 중심을 잡도록 도와준다. 만약 심장 부위가 당신의 '중심'이라고 생각된다면 좋다. 가끔 그곳에 손을 올리고 심호흡을 하는 것을 좋아한다. 그러다 보면 내가 그곳으로 다시 돌아올 수 있게 도와준다.

시나리오 #1

당신은 공감센터라고 불리는 이 믿기지 않는 행복의 장소를 생각하고 있는데, 울리는 전화 소리에 생각은 중단된다. 전화기를 내려다보니 당신의 상사 번호다. 당신은 전화를 받는다. 그는 이렇게 묻는다. "경영회의 때 발표할 슬라이드는 다 완성했나요?" 당신은 바로 일정을 확인해 보니 마감일이 아직 3일 더 남았다는 것을 확인한다. 바로 이 순간, 소리 지르고 싶어진다. 비판적 내면의 목소리가 방금 운전대를 잡았고 상사에게 화가 나서, 이런 생각을 하기 시작한다.

'이럴 수가 있어? 내가 늦지도 않았는데 마치 내가 일정을 못 맞추는 사람처럼 또 나를 취급하는 거야? 본인의 앞가림만 생각하는구나. 그는 형편없어.'

당신은 공감센터라고 불리는 이 믿기지 않는 행복의 장소를 생각하고 있는데, 울리는 전화 소리에 생각은 중단된다. 전화기를 내려다보니 당신의 상사 번호. 당신은 전화를 받는다. 그는 이렇게 묻는다. "이사회 때 발표할 슬라이드는 다 완성했나요?" 당신은 즉시 마감일을 놓쳤다고 생각하고 일을 망쳤다고 생각한다. 바로 이 순간, 소리 지르고 싶어진다. 당신의 비판적 내면의 목소리가 방금 운전대를 잡았고 당신에게 화가 나서 이렇게 말한다.

'이럴 수가 있어? 너는 제대로 시간에 맞춰 일할 수 있을까? 어서 상사에게 가서 네가 얼마나 기여를 많이 하는지 보여줘. 넌 형편없어.'

당신의 비판적 내면의 목소리가 활성화되었을 때가 언제인지 인지하는 건 어렵지 않다. 아마도 지난 24시간 동안 이미 활성화되었을 것이다. 만약 집에 아이들이 있다면, 여러 번 활성화되었을 가능성이 크다. 내면의 목소리를 길들이는 영역에서 작동된다는 것은 당신이 얼마나 형편없는지 혹은 다른 사람이 얼마나 형편없는지에 대해 생각하고 있다는 증거이다. 단지 다른 방향을 가리키고 있을 뿐 같은 목소리와 에너지다. 그 움직임은 가혹함, 경멸, 비판, 또는 짜증에 의해 힘을 얻는다. 당신이 자극받으면 혐오감이 고조된다. 만약 이 에너지가 자기 자신에게 향할 때, 그 목표는 때론 당신의 형편없는 수준에 대해 열거하여 자신을 질책한다. 예를 들어 당신이 '하지 말았어야 했던, 해야 했던, 하기로 되어 있던' 혹은 다른 못된 불쾌감으로 자신을 질책하는 것이다. 만약 이 에너지가 당신이 아니라 다른 사람에게 향할 때, 목표는 때론 그들의 형편없는 수준에 대해 열거하는 것, 예를 들어 그들이 '하지 말았어야 했던, 해야 했던, 하기로 되어 있던' 혹은 다른 못된 불쾌감으로 다른 사람을 질책하는 것이다.

비판적 내면의 목소리가 항상 '내면적인' 것은 아니라는 것을 인정해야 한다. 그것은 '외면적'으로 변하기도 한다. 이것이 결국, 이른 시일 내에 말과 행동에 영향을 미칠 것을 알고, 우리가 생각하고 느끼는 것에 초점을 맞춘다. 속도를 늦추고, 생각하고 느끼는 것을 먼저 인식하게 될 때, 말하고 행동하는 것이 훨씬 목표지향적이고 생산적으로 된다.

비판적 내면의 목소리는 당신이 어떻게 자극받았는지를 알 수 있게 하는 방법이다. 누가 그리고 어떻게 시작되는지는 당신에게 달려 있는데, 인생의 경험, 인생에 대한 태도, 신념, 교육, 기대, 실망, 자부심, 그리고 자신의 '필터'에 의해 달라진다.

이것이 작동되는 것은 매우 인간적이다. 사람들은 당신을 화나게 할 수 있으며 당신은 목표를 놓칠 수도 있다. 사람들은 실수할 수도 있으며 당신도 실수할 수 있다. 그것은 모두 정상적이고 인간으로서의 행동이다. 그러나 당신이 어떻게 생각하고 느끼는지, 어떻게 말하고 행동할지, 그리고 관대함이 결정적으로 결여된 그 순간에 취하는 행동이 바로 자기 수련이다. 자신을 어떻게 관리하는지의 결과는 자각을 위한 비즈니스 사례로 만들 수 있다. 목표는 인간적으로 가능한 한 빨리 공감센터로 돌아가 그곳에서 당신의 삶을 힘있게 이끌어 가는 것이다.

1995년 베스트셀러인 『감성 지능 Emotional Intelligence』에서 저자 다니엘 골만 Daniel Goleman 은 'EQ'와 이를 수련하기 위해 필요한 결정적인 기술을 대중화시켰다. 그는 EQ를 숙달함으로써 우리의 인간관계, 일, 그리고 심지어 건강에도 긍정적인 영향을 줄 것이라고 주장했다. 이 책에서는 감정을 다루는 뇌의 부분인 편도체의 힘에 대해 파헤쳤다. 편도체는 마주하는 자극에 대해 즉각적이고 압도적인 감정적 반응으로 활성화될 수 있다. 이 혁신적인 연구 이후에 심리학, 신경과학, 행동경제학 분야의 엄청난 연구가 더해져 인간의 정신, 그리고 고도의 뇌를 사용하기 위해 어떻게 우리의 몸을 관리할 것인가에 대하여 많은 도움을 줬다. 타라 스와트 Tara Swart 박사가 명확성을 방해하는 장애물에 대해 「4장」에서 제시할 것이다.

1820년대 초, 편도체가 발견된 이후 변하지 않은 것은 뇌에서 이 부분이 감정을 처리하고, 인간으로서 그 순간 감정이 우리의 감성을 압도하는 리스크가 있다는 것이다. 대부분은 특정한 감정은 어떻게 감추는지 알고 있지만, 때때로 어쩔 수 없이 표현될 때도 있는데 그 순간에는 잠시 무엇인가를 빼앗긴 느낌이 든다. 그렇다고 이런 반응으로 인한 영향에 대해 우리의 책임이 자유롭지는 않다. 하지만 그것은 당신이 미치지 않았다는 것을 증명한다. 우리가 살면서 순간순간 이런 움직임이 있는 것은 곧 인간으로서 타고난 것을 예증하는 것이다.

뇌의 활동을 증가시키기 때문에 어떤 상황에서 당신이 어떻게 활성화되었는지에 따라 어떻게 그리고 얼마 동안 멈추는 연습을 할지에 대해, 당신은 다양한 선택을 할 수 있을 것이다.

◇ 잠시 멈추기

이제 공감센터가 무엇인지 알았을 것이다. 당신은 살아야 할 삶이 있고, 움직이는 순간들이 있기 때문에 1년 365일, 하루 24시간 그곳에 머무는 것이 거의 불가능하다는 것을 이제 알고 있다. 잠시 멈추고 공감센터로 돌아가는 것이다. 비판적 내면의 목소리가 통제하고 있다는 것을 인지하게 되면, 잠시 멈추게 되는데 이는 일시 중지 버튼을 누르는 것을 의미한다.

먼저, 직장에서 비판적 내면의 목소리를 인식하고, 그다음엔 잠시 멈춰야 한다. 더 많은 자극을 받을수록, 휴식은 더 길어질 필요가 있다. 만약 당신이 정신을 빼앗길 듯한 극도의 어지러움이 들면, 당신의 뇌는 진정해야 할 시간이 필요하다. 산책하거나, 일기를 써라. 가만히 앉아서 숨만 쉬어라.

당신을 향한 비판적 내면의 목소리를 잠시 멈추기

잠시 멈추고 공감센터로 돌아갈 때까지 다른 사람을 찾지 말아라. 지금이 바로 듣고 싶은 말을 해줄 사랑하는 사람을 찾아가기 좋은 순간이라고 생각하는가? 물론 당신의 멋진 모습을 상기시켜주기 위해 다른 사람에게 의지하여 자기비하에서 벗어나는 건 공감센터로 돌아오는 좋은 방법이다. 바로 이 순간 여러분이 정지하는 근육을 연습해보는 적절한 순간이다. 무슨 일이든 하고 싶은 충동을 억누른다.

숨을 쉬고 연민의 장소로 돌아가는 것이다. 필요하다면 나의 만트라에서 한 페이지를 꺼내서, 자신을 '자기'라고 불러라. "자기야, 자기는 정말 열심히 노력하고 완벽하게 불완전해. 자기에게는 재능이 있고, 모든 사람들이 자기와 평등해. 괜찮아, 자기는 괜찮아. 이 일도 괜찮아질 거야." 이런 달콤한 대화를 속으로 나누는 게 아마 우스꽝스러울지도 모른다.

스스로 하는 나를 용서하는 이 대화는 어떤 곤경에서 벗어나기 위해 하는 것이 아니다. 당신의 불완전성/누락/실수/의도되지 않은 영향에 대한 책임을 질 때 확실히 공감센터에서 하기 위한 첫 번째 단계일 뿐이다. 이 단계를 밟지 않으면, 자신의 잘못에 대해 거듭 사과하거나, 수치심의 전당에 몸을 숨기고 결코 자신에 대한 책임을 지지 않거나, 절망감에 빠져 당신이 그렇게 형편없는 건 아니라고 동의하고 확인해 줄 누군가를 찾아 뛰어다닐 가능성이 높다. 이러한 선택은 친숙하지만, 시간이 더 많이 걸리고 종종 기분이 좋아지는 결과를 초래하지 않을 수도 있다. 대신, 당신은 언제든지 가까이할 수 있는 멋진 코치가 있다. 그 코치를 이용해라.

타인을 향한 비판적 내면의 목소리를 잠시 멈추기

다른 사람에게 화가 났을 때, 잠시 멈추고 공감센터로 돌아갈 때까지 찾지 말아라. 당신은 자신에 대해 가혹함을 느끼지 않는다. 당신은 혐오감을 느끼거나 다른 사람을 비판하게 된다. 만약 비판적 내면의 목소리가 운전대를 잡고 있는 동안 그 사람에게 대응하기로 한다면, 일이 생각대로 잘 풀리지 않을 것이라고 확실하게 말할 수 있다. 만약 작동되고 있는 감정의 반응으로 행동을 취한다면, 당신은 정말로 그렇게 하지 않으려고 노력하더라도 잘난 체하거나 거들먹거리거나 혹은 터무니없이 모욕적인 인상을 줄 수 있다. 이것은 상대방으로부터 반사적으로 세 가지 반응을 불러올 가능성을 수반한다. 그것은 논쟁, 회피, 해결이다. 그들은 그들의 상황에 대해 논쟁할 것이다 논쟁. 하지만 그들은 당신이 고약하다고 여기거나 아니면 그들이 갈등을 좋아하지 않기 때문에 당신에게서 도망치고 싶어 할 것이다 회피. 또는 당신의 얘기를 다 듣기 전에, 아니면 당신이 시간을 갖고 당신에게 유리하게 상황을 바꾸기 전에 그들이 상황을 해결할 필요성을 느낄 것이다 해결. 만약 당신이 분노가 대부분 가라앉을 때까지 그 사람을 찾지 않고 잠시 멈춘다면, 당신은 더 건설적인 대화를 할 가능성이 크다.

다른 사람에 의해 시작되었고 그들이 문제라고 생각될 때 해야 할 일은 당신이 수치심으로 시작되었을 때 할 일과 다르지 않다. 잠시 멈추고 그 사람들에 대해 동정심을 가지고 적극적으로 생각해 보라. 뭐라고 하는 소리가 들린다, "이게 말이 되나? 그들에게 문제가 있는데 내가 왜 연민을 느껴야 하지?" 이 책에 나온 활동들은, 그리고 가장 중요한 점은, 당신과 당신 정신건강을 위해서이고 둘째, 당신의 의도와 다른 사람에게 미치는 영향 사이의 간격을 좁히기 위한 것이다. 이 일을 진지하게 받아들여야 할 이유는 삶과 인간관계를 더 좋게 변화시킬 수 있기 때문이다. 비판적 내면의 목소리가 다른 사람에게 향해 있다는 것을 인지했을 때 해야 할 일은 우선 잠시 멈추고 이렇게 얘기하는 것이다. "그건 별로 좋은 생각이 아니야."

내가 뭔가 놓치고 있는 게 없을까? 상대방에 대해 내가 아는 게 있나? 이 사람이나 이 상황으로부터 배울 점이 뭐가 있을까? 더 큰 호기심을 갖고 그 상황에 대응할 수 있을까? 여기 작은 비밀이 있다. 당신은 진실한 호기심과 분개심을 동시에 가질 수 없다. 공감센터는 호의와 호기심으로 가득 차 있다. 잠시 멈추는 것은 그곳에 도착할 수 있는 여유와 시간을 스스로 주는 것을 의미한다.

비판적 내면의 목소리가 양방향성이라는 얘기를 듣고 내면의 목소리가 단지 당신을 판단하고 비판만 하는 것이 아니라는 점에서 모두에게 공평하다, 많은 사람은 "만약 상대방이 틀렸다면 어떡하나요. 만약 내가 옳고 그들이 거만하거나, 멍청하거나, 무능하거나, 통제적이거나, 미치광이 완벽주의자, 거짓말쟁이 등이라면요?"라고 생각하고 의아해한다. 이 질문에 대한 나의 대답은 이렇다. 만약 그게 사실이라면 또 어떤가? 당신을 이 사람보다 더 나은 사람이라고 스스로 승격시켜서 생각하고 행동하고 있는가? 만약 그렇다면, 그것은 확실히 패배를 부르는 전략이다. 사람의 인격과 직무수행 능력을 혼동하지 마라. 좋은 사람이지만 그 업무에 부적합한 사람들이 많이 있다. 이 부분을 조심해야 한다. 이 둘을 혼동하지 마라. 만약 당신의 판단이나 행동에 문제가 있었다면 어떤 대우를 받기를 원하는지 생각해 보라. 당신은 상대방이 마음을 열고 대해주길 원할 것이다. 다른 사람에 대해 중요한 생각을 할 때, 잠시 멈추고 자문해 본다. 당신이 옳다는 것이 중요한가, 아니면 그들이 상황을 어떻게 보고 생각하는지에 대해 걱정하는가? 나는 그 부분에 대해 자주 곱씹어 본다. 「5장」에서 기술하겠지만 나는 내 방식대로 일하는 것이 좋다. 그래서 나의 '좋은 판단'은 사실 내 방식대로 하고 싶어 하는 은밀한 욕구일 수도 있다. 내 방식으로 하는 것이 문제의 근원이 아닐 때, 다른 길을 가더라도 목적지는 같아야 하므로, 누군가가 한 말이나 행동에 대해 염려가 될 때, 그 이유에 대해 빨리 궁금해질 필요가 있다. 그때 비판적 내면의 목소리가 나에게 힌트를 주고 도움이 된다. 그럴 때 내면의 목소리에 아주 정중하게 가만히 있으라고 부탁한다. 공감센터가 손짓할 때, 나의 첫 번째 우선순위는 잠시 멈추는 것이다.

◇ 모을 수 있는 모든 동정심과 호기심

테리 리얼 Terry Real 의 생명연구소에서 함께 일했던 뛰어난 임상의 들로부터 배운 사실들을 공유하고 싶다. 수치심은 우리를 고통스럽게 한다. 우리가 부족함을 느낄 때 공감센터로 돌아가려는 동기부여가 되는데, 그 이유는 부족하다고 느끼는 것이 고통스럽기 때문이다. 부족하다고 느끼는 곳에 오래 머물러 있기보다는 우리 자신을 따뜻하게 부르는 곳에 머물고 싶어 할 가능성이 더 크다. 반면 우리의 독선적이고 암묵적이거나 노골적인 분노는, 내가 옳다고 생각되기 때문에 내 기분은 괜찮을지 모르지만, 주변의 사람들에게는 상처를 준다. 그러므로 타인이 바보 같은 완전히 무능한 면을 보일 때, 잠시 멈추고 공감센터를 찾으려는 동기는 희박해진다. 이것은 비판적 내면의 목소리가 본능적으로 동기부여를 하지 않게 하는 딜레마를 만들어낸다.

이것이 이 책의 가장 중요한 부분이다. 다른 것은 기억을 못하더라도, 이것만큼은 기억하라. 삶과 직장에서 이끌어 갈 힘은 공감센터로부터 자신을 이끌 때 증식하고 번성할 것이다. 자신의 권력은 의도적으로 신속하게 공감센터로 돌아가는 자신의 능력에 달려있다. 주변의 다른 사람들보다 자신이 낫다고 생각하는 것을 노골적으로 또는 은밀하게 과시하는 사람 곁에 있고 싶은 사람은 아무도 없다. 자신감에 대해 말하는 것이 아니다. 내가 다른 사람보다 낫다는 믿음인 오만함을 말하는 것이다. 만약 당신이 모든 것을 알고 있고 다른 사람들은 바보라고 생각하는 마음으로 팀을 이끌어 간다면, 당신은 결국 혼자 걸어가는 지도자가 될 것이고 따르려는 사람들은 없을 것이다. 직장이나 집이나, 사람들은 당신 곁을 떠날 것이다. 모든 것을 다 안다고 생각하는 바보가 되지 말아라. 만약 당신이 특정한 사람이나 동일한 상황에 대해 짜증이나 혐오감을 느낀다면, 자신을 위한 질문이 있다. 그 사람이나 그 상황의 어떤 면이 당신에게 안 좋은 것인가? 구체적으로 생각해보라. 어떤 변화를 원하는 것인가? 그 사람이나 상황에 필요한 것은 무엇인가? 진지하게 생각해 보라. 상위 리더들이 자신을 통제하지 못하거나 인간관계를 잘 관리하지 못했다면 그 이유는 기술적으로 무능하다거나 IQ가 낮아서가 아니다. 우리가 관리해야 할 첫 번째 관계는 우리 자신과의 관계인데, 그것은 우리가 생각하고 느끼는 대로 우리가 말하고 행동하도록 하는 것을 이해하는 것으로부터 시작한다. 만약 자신과 다른 사람에 대한 연민과 호기심이 없는 상태에서 말하고, 불평하고, 요구하고, 해결하려 한다면, 불필요한 비난과 부끄러움의 순환이 계속될 것이다. 그러니 대신, 잠시 멈추고, 공감센터로 돌아가기 위해 무엇이든지 하라.

「6장」에서 논하게 되듯이, 아무리 자기 대화를 많이 해도 자신을 성장시키는 데 도움이 되지는 않을 것이다. 행동으로 옮겨야 한다. 우선 행동하고 보는 것이다. 비판적 내면의 목소리를 이끌어 가는 데 도움이 되는 것은 위험을 감수하고 용기 있는 행동을 취하면서 동시에 공감센터에 뿌리를 둔 자신과의 대화를 지속해서 하는 것이다.

자신이 부족하다고 해서 그것에 대해 그렇게 심각한 감정적 고통에 시달릴 필요까지는 없다. 인간관계는 더 쉬워질 수 있다. 갈등이 생길 때 더 쉽게 더 적은 스트레스로 해결할 수 있다. 어떤 환경에서도 가치 있게 느끼고, 다른 사람들이 각자의 기여도를 섬세하게 인지하게 하도록 하는 자신만의 연습이 될 것이다. 계속 진화할 수 있는 부분은 첫째, 자신의 불완전함에 직면했을 때 가치 있고, 온전하며, 완성되었다고 느끼는 것^{자신에 대한 연민}이고, 둘째, 자신이 비판했던 사람에 대한 호기심과 연민을 느끼는 곳으로 순간순간 돌아가는 것이다. 기다리던 사람은 바로 자기 자신이다.

원하는 삶을 살면서 자신의 잠재력을 완전하게 실현하고 싶다면, 지속해서, 때로는 순간순간의 기준으로 자기 자신과 다른 사람들을 용서하는 것이 필수적이다. 잠깐씩 센터로 돌아가는 시간을 점점 더 자주 만들어라. 연민을 들이마셔라. 용서를 들이마셔라. 호기심을 들이마셔라. 불완전함에 대해 웃어넘겨라. 그리고 공감센터에서 다른 숨겨진 장애물들을 살펴보라.

3장

편견이란
무엇인가?

"제발 주목해 주기 바란다!"

이것이 처음에는 너무 대수롭지 않아 보여서 너무 늦었을 때까지도 보지 못하는 장애물이다. 그리고 피해자로서든 가해자로서든 우리는 장애물을 넘을 수 없다.

때로는 편견이 우리에게 불리하게 작용하기도 한다. 예를 들면, "금융분석가들은 창의적인 일을 잘하지 못한다."라는 편견이다. 때때로 우리는 의사결정을 할 때 우리가 가진 편견을 기본 논리로 삼는다. 예를 들면, "그녀는 승진할 준비가 되어 있지 않다. 그녀의 강점은 팀을 관리하는 것이지 회사를 운영하는 것은 아니다."라고 생각한다. 때때로 자신의 비판적 내면의 목소리를 부채질하기 위해 암묵적인 편견을 사용하기도 한다. "나는 내성적인 사람이야. 난 절대 모르는 사람이랑 수다 떠는 건 못할 거야."

우리는 때때로 편견을 얘기하고 그 편견에 이름을 짓거나 그것을 이용하기도 한다. 그러나 이런 편견은 대부분 미묘하면서도 복잡하다. 거의 감지할 수 없을 정도로 작은 물방울 같으며 독성이 있고 위험하다. 요즘의 토론, 대화, 시위, 그리고 인종과 성별에 관한 소송 사건에서 '미묘한 차별 micro aggression, micro-inequities'이라는 용어를 들어봤을 것이다. 이것들은 특별히 이름을 붙이거나 헤드라인을 장식할 정도로 큰 사건들이 아니다. 이것들은 일상적인 발언이나 심지어 무언의 '태도'로 시간이 흐르면서 뿌리를 내리는 것이다.

고정관념, 편견, 무의식적 편견에 대한 내막은 다음과 같다. 고정관념은 인종, 성별, 국적, 종교, 성적 지향성, 교육 등 같은 집단에 속한 사람들에 관한 생각이고, 대부분 인지하지 못하는 자동적인 사고와 생각이다. 편견은 같은 집단에 속한 사람들에게 긍정적 또는 부정적으로 대하는 것이다. 편견은 일반적으로 빠르게 인식하여 나타나는 결과로서, 종종 고정관념으로부터 파생된다. 그것은 불공평한 판단, 불공정한 행동, 그리고 체계적인 걸림돌로부터 나타난다. 암묵적 혹은 무의식적 편견은 마치 연기하는 배우로 인해 눈에 띄지 않는, 사람들에 대한 긍정적이거나 부정적인 대우다.

케임브리지 영어 사전에 내가 아는 가장 강한 편견의 정의가 있다. 개인적인 의견이 판단에 영향을 미치도록 허용함으로써 특정한 사람이나 사물을 부당하게 지지하거나 반대하는 행동이라고 한다. 가장 중요한 부분은, "개인적인 의견이 당신의 판단에 영향을 미치도록 허용한다"이다. 만약 '당연히 내 개인적인 의견이 나의 판단에 영향을 미치도록 허용하지!'라고 생각하더라도, 계속 읽어보기를 바란다.

우리는 알려진 의식적인 그리고 알려지지 않은 무의식적인 편견을 가지고 있다는 사실을 확인했다.

일하면서 종종 영향을 미치는 무의식적인 편견의 예는 다음과 같다.

- **호감도 편견**Affinity Bias 우리와 비슷한 사람에게 호감을 느끼는 경향.
- **인식 편견**Perception Bias 특정 집단에 대한 고정관념과 가정Presumes을 형성하는 경향으로, 그 집단의 구성원에 대해 객관적인 판단을 할 수 없게 된다.
- **후광효과**Halo effect 또는 낙관주의 편견Optimism Bias 그 사람을 좋아하기 때문에 그 사람에 대한 모든 것을 좋게 생각하는 경향.
- **닻 편견 및 불충분한 조정 편견**Anchoring and Insufficient Adjustment Bias 처음 듣는 정보에 지나치게 의존하려는 경향.
- **확인 편견**Confirmation Bias 기존의 신념이나 가정을 확인시켜주는 정보를 찾으려는 경향.
- **집단사고**Group Think 대안을 현실적으로 평가하기 위해 다른 사람들과 합의를 하려는 경향.
- **최신성**Recency 최신 정보에 대한 가중치를 이전 데이터보다 더 높이 두려는 경향.

정보를 처리하는 암묵적인 방법은, 우리가 의식하지 못한 채 우리의 태도와 결정에 영향을 미친다. 만약 직장에서 일할 때 위의 목록에 있었을 법한 편견들의 부정적인 결과에 대해 아직 생각하고 있지 않다면, 아주 분명하게 얘기하겠다. 이 모든 종류의 편견들이 당신이 인식하든 인식하지 못하든 이미 일어나고 있다는 것이다. 예를 들어 우리는 인식 편견으로 특정 국가나 지역에서 태어나고 자란 사람들에 대해 습관적으로 가정을 하고, 외모로 사람을 판단한다. 우리 대다수는 어느 정도의 편견이 있다. 순간순간의 현실은 의식적으로 인식한다. 망각하며 사는 것은 그 나름대로 장점이 있다는 것을 알고 있다.

의도하지 않은 나 자신의 영향력에 대해 더 많이 알아갈수록, 편파적인 생각에 빠져들수록 무지함이 때로는 행복감을 가져다준다는 것에 동의하게 된다. 이때 비판적 내면의 목소리가 등장해서 이렇게 말한다. 정말 방금 그런 생각을 인지했다고 주장하고 있단 말이야, 끔찍하게도?

어떤 사람의 운전 실수를 봤을 때, "저 사람은 운전을 잘 못하네." 그 생각을 잠시 멈추고, 연민을 가지고, 나의 내면의 대화를 바꿔서, 이렇게 말하는 것이다. "아니야, 저 사람은 차선을 바꾸려는 것 같았는데 그러다 보니 안전하지 않은 방식으로 운전하고 있는 것처럼 보인 거야."

우리 모두 편견과 고정관념을 가지고 있고, 타인들의 편견에 직면하고 있다. 나는 레노버 Lenovo 의 욜란다 Yolanda Conyeers 로부터 깊은 영감을 받았는데, 그녀는 편견이 자신의 삶에서 어떤 역할을 했는지에 대한 자신의 성찰을 아래와 같이 공유한다.

레노버(Lenovo)의
욜란다 콘여스(Yolanda Conyers)가
말하는 편견 깨트리기

"눈에 띄지 않는 '투명한 인물'은 편견과 고정관념을 극복하기 위해 더 많은 일을 해야 합니다. 왜냐하면, 그들이 자신의 가치를 증명해 보이기 전에 사람들은 종종 그들에 대해 특정한 선입견을 갖고 있기 때문이죠."라고 욜란다는 설명한다. "다시 말해, 그들은 자신의 전부를 일터로 끌어들이지 못합니다."

욜란다는 레노버의 글로벌사업 부문의 인사전략을 담당하고 있으며 다양성 최고 책임자(CDO, Chief Diversity Officer)로 일하고 있다. 그녀는 인재유지전략뿐만 아니라 경영진들을 지원하고 인재를 육성하기 위한 비즈니스 목표에 부합하는 새로운 전략, 포용적인 기업문화를 관리하는 역할을 담당한다. 그녀는 레노버 직원들의 독특한 다양성과 매우 포용적인 문화를 증진하고 활용하여 직원들이 레노버를 글로벌 조직으로 성장시킬 수 있도록 하는 사내 챔피언이다.

공학을 전공한 욜란다는 과학, 기술, 공학, 수학과 관련된 직업이 경제에 미치는 영향뿐만이 아니라, 더 높은 연봉과 승진으로 연결된다는 것을 인식하게 되면서, 여성을 위한 교육에 관심이 많다. 그녀는 영어, 중국어, 러시아로 번역된 베스트셀러 『레노버 행동(The Lenovo Way)』을 공동 집필했는데, 2006년 레노버가 IBM의 PC 부서를 인수한 후 중국 베이징에서 근무하면서 겪는 새로운 문화에 관한 이야기다. 회사가 동서양 비즈니스 문화의 강점을 협력과 다양성을 바탕으로 어떻게 융합했는지 기술한다.

이 모든 놀라운 업적에도 불구하고, 어떤 편견들이 욜란다의 경력을 지연시켰을까?

"눈에 띄지 않는 '투명한 인물'이란 피부색, 성별, 언어, 종교, 국적 때문에 편견을 경험하는 사람을 말하죠. 그렇다면, 이것은 직장에서 어떻게 나타날까요?"

- 주요 정보가 공유되거나 교환되는 주요 회의 또는 사교 모임에 초대되지 않는다.
- 의사결정에 포함되지 않는다.
- 의견이나 전문지식이 쓰이거나 고려되지 않는다.
- 업무의 기여도가 수용되거나 인정되지 않는다.

"나는 마치 보이지 않는 투명한 인간으로 느껴졌어요. 아프리카계 미국인 여성으로서 첨단 기술 회사에서 일하는 게 항상 쉬운 일은 아니었거든요. 다양성을 존중하는 문화가 매우 중요하다고 생각하고 그런 문화를 핵심 기업문화로 가진 회사에서 일해 왔죠. 하지만 이러한 핵심가치를 실천하지 않는 직원들을 많이 봤어요. 그래서 이런 상황에서 어떻게 관리해야 하는지 고민하게 되었죠. 경력 초기에 MBA 프로그램에 등록하기 위해 회사에 재정적 지원을 신청했어요. 나는 자격이 충분했고, 내 상사도 내가 자격이 있다고 생각했고 나를 추천해 줬어요. 하지만 상위 단계의 의사결정권을 가진 임원이 나의 신청을 받아들이지 않았지요. 내 요청이 왜 달락히였는지 의논하기 위해 면담을 했는데, 그는 뚜렷한 이유를 설명할 수가 없었죠. 몇 년 후 경영진이 바뀌었고, 다시 지원했어요. 그리고 드디어 승인을 받았어요. 나는 절대 포기하지 않았죠. 회복력과 끈기만 있으면 아무리 높은 장벽이라도 뚫는다는 것을 배웠어요. 또한 내 잠재력을 인정하고 지지해주는 상사와 기꺼이 나를 후원해 주는 그룹을 갖는 것의 중요성을 배웠죠.

회의실에서 나만 다른 부류의 사람이라는 그 어색한 느낌을 경험해 본 적이 있어요. 회의 중에 의견을 내도 아무도 듣지 않거나 다른 사람이 같은 말을 반복해서 대신 인정받는 경우도 있었어요. 의사 결정자들이 일에 대한 정보를 논의하고 관계를 구축하는 회의나, 파티, 사교 모임에 초대되지 못한 경우가 많았어요. 이로 인해 고립되어 있다고 느끼게 되었고, 회사에 기여할 가능성이 적어진다고 느끼게 되었어요.

현재는 임원이고, 세월이 흐르면서 직장 내의 많은 걸림돌을 극복하고 나아갔어요. 이제 억지로 대화에 참여할 필요가 없어요. 오히려 내 의견이나 관점을 듣기 위해 사람들이 찾아오죠. 소중하게 여겨지고 소속감을 느낀다는 것은 좋은 느낌이에요. 눈에 띄지 않는 직원들이 갈망하는 부분이죠. 나는 다른 임원들과 함께 영향력 있는 포용의 문화를 만들기 위해 노력 중인데, 그것은 직원들이 그들의 아이디어, 경험, 재능을 레노버에 가지고 올 수 있게 해주죠. 그게 직원들뿐만이 아니라 회사에도 좋은 일이죠. 그 문화가 우리를 더 창의적이고, 혁신적이고, 더 강한 회사로 만들어요.

편견에 대항하고 나의 가치를 업무적인 면에서, 그리고 개인적으로 증명하는 경험을 통해, 나는 이러한 도전을 극복하는 데 도움이 되는 몇 가지 간단한 규칙을 배웠어요."

- 당신의 문제가 아니라 그들의 문제라는 걸 명심해라. 다른 사람의 편견 때문에 당신의 가치가 줄어들지 않도록 하라.
- 당신을 지원해주고, 상담해주고 지원해 줄 수 있는 팀을 만들고 활용하라.
- 의식적이거나 무의식적인 편견을 보거나 경험할 때 성찰의 시간을 만들어라.
- 어떤 일이 있어도 당신을 위로해 주는, 신뢰할 수 있는 가족 또는 친구 같은 지원 시스템을 업무 공간이 아닌 외부에 구축하라.
- 마지막으로, 포기하지 말아라. 희생자에서 승리자가 되기 위한 방법을 찾아라.

"아직도 비중이 큰 업무이든 아니면 지금의 역할 범위를 벗어난 프로젝트든 내가 원하는 것을 당당하게 요구하는 데 어려움을 겪고 있어요. 지금도 임원이지만 나는 때때로 강력한 야심을 표현하는 것과 잘할 수 있다는 자신감 부족 사이에서 갈등하다가

포기해요. 여자들은 내가 무슨 말을 하는지 공감할 거예요. 머릿
속에서 들리는 목소리가 이렇게 말하죠. '나는 이 일을 정말 원하
지만, 내가 잘할 수 있을지 확신이 없어. 내 능력 밖의 일인지도
모르니 요구해서는 안 되겠어.'

이러한 생각의 공전이 시간을 낭비한다는 것을 경험을 통해 배
웠고, 이제 자신감을 잃지 않고 당당하게 요구할 용기를 가지려
고 노력해요. 친구, 멘토, 가족으로 이루어진 든든한 지원그룹을
가진다면, 힘들 때 위로받고, 잘 나갈 때 겸손하도록 옆에서 지켜
줌으로써, 나를 더 나은 사람으로 만들어주는 데 도움이 됩니다.
이런 조건 없는 지원을 해 주는 사람들에게 감사하고 있어요."

◇ **이해하기엔 너무 어린가?**

전직 동료인 아브리 홀든 Abri Holden 은 명상 매니저 겸 리더십 코
치이다. 그녀는 다른 사람의 편견을 인식할 뿐 아니라 그것에 맞서
는 것이 자기 인식의 힘이라는 것을 증명해 보일 수 있다고 한다. 그
녀는 자신에게 쏟아진 일부 의견이 어떤 영향을 끼쳤는지 생각과 감
정을 정리했다. 그런 다음, 그것에 대해 열린 마음으로 호기심을 갖
고 공감센터로 이동해서, 그곳에서 무엇을 요청해야 할지 생각했다.

그녀가 밝힌 편견은 나이 차별이며, 아래 예에서 소개하듯이, 직
장에서 그 징후가 해로워 보이지 않는다

"나는 삼십 대의 백인 여자다. '당신은 그것을 이해하기에는 너무 젊다, 당신 전 세대 이야기 또는 당신은 이해할 수 없을 것'이라는 말을 들어왔다. 그런 종류의 언어는 의도된 것이든 아니든 간에 대화에서 사람을 배제하는 경향이 있다. 이전 직장에서 같은 팀의 여성 동료는 나를 계속 '자기야', 또는 '허니'라고 불렀다. 종종 이 단어가 거슬렸고 그 사실에 대해 자신에게 솔직해져야 한다는 것을 깨달았다. 용기가 필요했지만 결국 내 생각을 말했다. '솔직하게 말하자면, 나는 그 단어가 싫어요. 당신이 의도적으로 쓴 말이 아닌 건 알지만, 앞으로 우리가 대화를 나눌 때는 이 점을 고려했으면 해요.'라고 말했다."

그녀에게 나이에 관련된 언급을 하는 것은 사람을 비하하거나 소외시키는 것이었다. 그리고 작고 사소하지만 불공평한 것이었다. 이런 결과로 그들은 아브리를 대화에서 제외해 버린 것이었다. "아직도 해결은 안 되었지만, 내 생각을 믿고, 옳지 않다고 느끼는 것은 말하고, 명확히 이름을 부르고, 나 자신과 상대방을 위해서 고쳐 달라고 요청해야 한다."

편견은 당신을 지치게 만들 수 있다. 그녀가 용기를 내서 말을 꺼내지 않았다면, 동성에게서 듣는 동성에게서 언어가 얼마나 더 많아졌을까?

여성들이 성 평등에 기여할 수 있는 가장 좋은 일 중 하나는
우리가 다른 여성들에 대해 가지고 있는 암묵적인 편견을 인식하고
적극적으로 서로 돕는 것이다.

그녀가 말하기를 "나 자신을 포함한 다른 여성들에 대해 노골적으로 반대하거나 무시하는 여성들을 볼 때, 그것은 대개 어떤 결핍의식에 대한 것임을 알았어요. 즉, 제한된 좌석이나 특정 장소, 직급에 대한 인식임을 알게 되었어요. 그래서 다른 사람을 짓밟거나 대화에서 제외하거나 미묘하게 행동한다면, 나를 위해 더 많은 공간이 생긴다고 생각하는 것 같아요. 의도적인 행동인지는 모르겠지만 그래도 내 눈에는 띄죠. 이 주제에 대해 많은 여성과 대화를 나눴는데, 결핍 의식은 우리가 함께 성장하고 발전하는 것을 방해합니다."

무의식적으로 다른 사람에게 이런 발언을 해서 나이 차별자로 보이는 사람이 바로 당신일지도 모른다. 편견을 바로 잡기 위한 첫 번째 단계는 당신 자신의 편견을 인식하는 것이다.

◇ 무의식적인 편견을 찾아라

자신의 무의식적인 편견을 더 잘 이해하려면 하버드 대학에서 운영하는 홈페이지 https://implicit.harvard.edu 에서 암묵적 연관 테스트 Implicit Association Tests 중 하나를 해보기 바란다. 이것은 우리가 인식하지 못하는 것에 대해 인지를 시작하는 좋은 방법이다.

최근에 '성별-직업에 대한 암묵적 연관 테스트'를 해봤다. 결과를 보고 어떤 면에서는 놀랐지만 그렇지 않기도 했다. 배운 점은 다음과 같다. 내 결과는 이 테스트의 대다수의 온라인 응답자 32% 들처럼

'직업을 가진 남성'과 '가정이 있는 여성'에 대해 약간의 '자동적 연관성' 즉, 암묵적 편견이 있다.

'직업을 가진 남성'과 '가정이 있는 여성'에 대해 강한 '자동적 연관성'을 가진 24%의 응답자들보다 낫다고 생각하지만, 그래도 결과를 보고 나서 약간 당황했다. 내 인격이 형성되는 데 영향을 준 모든 이야기는 가족과 직업 양쪽 모두 자상한 남성들의 이야기로 포장되어 있지 않은가? 만약 미혼으로 아버지 밑에서 자란 성인 여성이 '가정이 있는 남성'에 대해 어느 정도 불편하게 생각한다면, 도대체 어떤 환경에서 자라야 그런 편견이 없을 수 있단 말인가?

내가 어떻게 '남성=직업, 여성=가정'이라는 개념을 조금이나마 내면화시켰을까? 아마도 두 딸에게 훌륭한 엄마가 되어야 한다는 압박감 때문이라고 믿고 싶다. 내가 직접 세운 높은 기대치는 집이나 직장에서 탁월함을 보여야 한다는 것이다. 나의 점수는 많은 직업이 있는 엄마들 그리고 육아도우미들이 매일 겪는 삶이 어떠한지 잘 드러낸다. 우리는 어디를 가더라도 부족하다는 느낌이다. 이 암묵적 연관 테스트를 해보고 나서 내가 깊이 간직했던 믿음에 대해 어린 시절의 경험에도 불구하고, 아니면 어쩌면 그런 경험 때문에 내가 더욱 인지해야 한다는 점에 눈을 떴다. 내가 얼마나 부족한 엄마인가 라는 상황에 직면했을 때 나의 비판적 내면의 목소리가 야기하는 산만함의 정도에 대해서는 「6장」에서 더 많이 공유할 것이다.

여성 승진을 위한 리더십 진단에서 우리가 던지는 질문은 바로 각각의 장애물을 넘기 위해 우리 여성들이 해야 할 일이기도 하다. 편견에 대한 내면의 장애물에 대한 대본은 다음과 같다. 그녀는 자신의 능력과 성취 잠재력에 대한 생각이 개방적이고 무제한적이다. 세계 모든 대륙에서 만난 여성들이 다양한 사유로 자신의 잠재력과 성취 능력에 한계가 있다고 믿는 것을 생각하면 슬프다. 예를 들면, 편견을 느꼈다 아무도 그녀가 잠재력이 있다고 보지 않았다, 회사에서 기회가 없었다 조직개편으로 인해 제한된 자리, 지원해 주는 부서장이 없었다 임원 중에 그녀를 지원해 주는 사람이 없었다, 승진하기 위해 해외 근무를 해야 한다, 사람들은 그녀에게 아이들이 있었기에 승진을 원하지 않는다고 추측한다, 그녀에게 가정이 있기 때문에 그녀는 근무시간에서의 융통성이 필요하고 그래서 임원으로 승진하는 데 문제가 있는 것으로 보인다 등등 이렇게 목록은 계속된다. 그렇다면 후속 질문은 다음과 같다. 더 유효하지 않은 자신에 대한 이야기나 신념 또는 편견이 있는가? 내 자신의 예를 들어보자.

대부분의 사람은 우리가 선호하는 것에 대해 편견을 가지고 있다. 우리가 잘했던 일들이나 잘했다는 말을 들었거나, 우리가 존경하거나 우리를 키워준 사람들이 좋다고 한 것들을 선호한다. 나는 '일을 성사시키는' 능력에 대해 격려와 갈채를 받았다. 눈을 감고 아버지의 강인한 정신력을 내 의식에 불어넣을 때마다 아버지의 좌우명 '가서 쟁취하라'가 들린다. 대담하고 근면하고 행동 지향적인 태도가 지금의 나를 만들었고, 이 좌우명을 자랑스럽게 생각했다.

나는 리더였고, 행동가였다. 이 단어는 한때 나와 나의 무의식적인 편견 중의 하나였다. 「5장」에서 가치를 증명하는 편견을 다룰 때 더 자세히 설명하겠다. 어떤 일이 생겼을 때 나한테 맡기면 그것을 해냈다. 나는 무의식적으로 인간으로서의 나의 가치를 성취하려는 욕구와 연결하려고 하였다. 그게 무슨 문제냐고 묻는다면? 어떤 일을 "하고 있거나" 혹은 많은 노력을 기울여서 이끌어 가거나 무엇인가를 쟁취하고 있지 않으면, 편치 않았다. 가치가 없었다. 그것은 내가 성공하지 못했다고 느끼게 했다.

"더 유효하지 않은 나에 대한 깊은 신념은 무엇인가"라는 질문에 대한 대답 중의 하나는 "날 믿어도 돼", "내가 할게", "만약 내가 하지 않는다면, 그 일은 잘 해결되지 않을 것이야통제욕구." 그리고 궁극적으로, "나는 행동을 취해야 돼, 그렇지 않으면 다른 사람들이 내 가치를 모를 거야"의 혼합체이다. 이런 행동에 대한 깊은 편견은 최근까지 내가 의도하지도, 완전히 이해하지도 못한 방식으로 나에게 작용해 왔다. 그리고 나를 이끌어 가는 능력은 이 내적 편견을 재구성하는 데 달려 있다.

◇ 강한 호기심이 답이다

자기 인식을 하는 리더는 다른 사람들이 가지고 있는 인식에 대해 궁금해한다. Linkage 여성 리더십 콘퍼런스의 동료이자 공동 의장인 칼라 하리스Carla Harris는 종종 우리에게 다음과 같은 메시지를 상기 시킨다. 지각 Perception은 현실을 보는 부조종사이기 때문에 어떻게 다른 사람들이 '착륙'하는지에 대해 궁금해할 필요가 있다. 우리가 의도한 대로 영향을 미치고 있는가? 우리의 의도와 영향이 일치하는지 다른 사람들에게 확인하고 있는가?

나의 행동이 주변 사람들에게 미칠 수 있는 영향력에 대해 늘 생각하고, 다른 사람의 관점을 이해하고자 하는 호기심을 갖는 삶을 실천한 것이 내 직업에서 성공할 수 있는 계기가 되었다고 굳게 믿었다. 본질직으로, 내가 열심히 일하고, 다른 사람들에게 친절하고, 호기심을 보이고, 그리고 의도와 결과를 분리한다면, 그 어떤 것도 나를 막을 수 없다고 믿었다. 그러다가 나는 비판적 내면의 목소리의 영향력과 편견에 걸려 넘어졌다.

우리가 시작해야 할 곳은 자신의 편견에 대해 호기심을 갖는 것부터이다. 모든 장애물을 뛰어넘으려면 자신에게 호기심을 갖고자 하는 우리의 능력에 달려 있다. 또한 자신에게 따뜻한 존경심과 동정심을 갖고 실천을 하는 데 달려 있다. 모든 남녀 리더들과 마찬가지로 나 또한 실수할 때는 내리는 결론에 대해 의도적인 호기심을 제대로 갖지 않았을 때이다. 임원들이 부족한 역량이 있거나, 암묵적인 편견을 가지고 지도하거나, 의도하지 않은 영향력을 미치는 것은 자극과 반응 또는 결론 사이에 시간적인 여유가 없기 때문이다. 자기 인식의 기술은 우선 우리가 도달한 결론에 대해 깊은 의문을 제기하고 때로는 시간적인 여유를 가지고 자극과 반응 사이에 잠시 멈춰야 한다.

아이리스 보닛 Iris Bohnet 은 『성공사례: 고의적인 성 평등 What Works: Gender Equality by Design 』이라는 획기적인 저서를 남겼다. 저자는 편견에 관한 연구를 기반으로 '편견을 없애기는 힘들다'라는 장에서 다음과 같은 내용을 강조한다. 때때로 "우리의 선한 천성은 우리의 귀에 속삭이지 않는다." 그러나 호주, 인도, 노르웨이, 영국, 미국, 잠비아, 그리고 다른 나라의 기업, 대학교, 정부가 수집한 데이터를 자세히 살펴보면, 그들의 편견을 뒤집어 놓을 수 있는 속도에 영향을 받고 있다. 저자는 그 해결책을 즉각 채택할 수 있는 "증거에 기반한 중재"라고 부른다.

노벨 경제학상을 수상한 다니엘 카너먼Daniel Kahneman 의 베스트셀러인 『빠르고 느리게 생각하기 Thinking, Fast and Slow』라는 저서에서도 마찬가지로, 우리의 뇌에 편견이 나타날 수 있는 또 다른 청사진을 소개하고 있다. 그 책에서 카너먼은 인간의 마음 구조를 보여주며 인간이 생각하는 방식을 두 가지 체계로 설명한다. 1번 시스템은 빠르고, 직관적이며, 감정적이다. 2번 시스템은 더 느리고, 더 사려 깊으며, 더 논리적이다. 비판적 내면의 목소리에 숙달하고 장애물을 극복하려면 2번 시스템을 활성화 해야 한다.

당신의 1번 시스템이 당신을 지배하고 있다는 것을 깨닫는 순간, 공감센터가 당신을 감싸고 있다는 것을 기억하기 바란다.

◇ 진퇴양난, 호감과 신용의 관계

항상 사람들이 어떻게 서로 친하게 지내는지 인간관계에 관심이 많았지만, 내가 생각했던 것만큼 나는 인간관계에 재능이 없을지도 모른다는 것을 깨달은 것은 20대 중반이 되어서였다. 나의 첫 직장에서 고위 간부인 남성으로부터 내 '취약점'을 노력해서 극복해야 한다는 충고를 들었다. 그 뒤에, 나의 첫 360도 다면 진단 참가자들은 남성과 여성 모두 포함 의 결과에서, 감성 지능에 대해 진단 참가자들은 나 스스로 부여한 점수보다 더 낮은 점수를 주었다.

오늘날까지 내가 고심하고 있는 부분이기도 한데, 알고 보니 나의 주도적으로 일하는 방식이 때때로 의도하지 않게 다른 사람들이 소외감을 느끼게 한다는 것이었다. 이러한 인식을 하고 일하면서, 그리고 상대방에게 따뜻하게 배려하면서, 강한 나의 추진력을 누그러뜨리고 다른 사람들을 참여시키기 위해 주의 깊은 노력을 하였다. 더는 나에게 도움이 되지 않는 몇 가지의 행동들을 멈추었다. 주로 활기 넘치면 무조건 달리는 스타일이라는 것을 알게 되어 조금 늦추기 위해 순간적인 선택을 할 필요가 있었다. 속도를 늦추거나 나의 2번 시스템의 의식 수준으로 이동하는 것은 여전히 어려웠다. 어떤 날은 잘 되었지만 어떤 날은 쉽지 않았다. 내가 잠시 멈추는 데 도움이 되는 것은 내 믿음에 변화를 주는 것이었다. 즉 내가 빨리 움직여야 일이 성사된다는 굳은 믿음이 리더의 자질에 도움이 되지 않는다는 것을 기억하는 것이다.

내가 지금 확신하고 있는 또 다른 사실은, 살아오면서 다른 사람들에게 유능해 보이거나 아니면 호감이 가는 사람으로 보이는 것에서 일부 수정해야 했다는 것이었다. 그 사실은 편견을 증명하기 위해 널리 사용되고 있는, 잘 문서로 만들어진 하버드 비즈니스 스쿨의 한 연구에 대해 접하면서 처음 알게 되었다. 2014년 4월 하버드 비즈니스 리뷰에 발간된 「비즈니스 사례 연구 중 여성의 희소성이 실제로 어떻게 보이는가」라는 보고서가 있었다. 여러 그룹의 학생들이 같은 사례 연구를 읽었는데, 단 한 가지, 주인공인 벤처 캐피탈리스트의 성이 달랐다. 사례 연구의 내용과 사람은 같지만, 한 사례에서 사용된 이름은 "하이디여성 이름"였고 다른 하나는 "하워드남성 이름"였다. 이 사례 연구를 읽으면서 학생들은 "하워드"와 "하이디" 둘 다 존경할 만한 인물이라고 생각했다. 하지만 하워드는 호감이 가는 사람이라고 묘사했고 하이디는 이기적이고 '함께 일하고 싶지 않은 유형의 사람'으로 비쳤다. 이러한 현상은 '호감도 처벌' 또는 '호감도 편견'으로 알려지게 되었다. 설명하자면, 성공과 호감도는 남성에게는 긍정적인 상관관계가 있고 여성에게는 부정적인 상관관계가 있다. 남자가 성공하면 동료들은 그를 더 좋아한다. 여자가 성공하면 남녀 모두 그녀를 덜 좋아하는 경우가 많다. 이런 성공과 호감 사이의 절충은 여성들에게 진퇴양난의 상황을 만든다. 여성이 유능하면 착해 보이지 않지만, 여성이 정말 착해 보이면 덜 유능하다고 여겨진다.

2년 전까지만 해도 사람들에게 호감을 느끼게 하기 위한 노력의 결과가 내 역량에 대해 의문을 품게 하는 것인 줄 전혀 몰랐다. 다시 말하자면, 나의 성공이나 능력에 대한 노력이 오히려 나를 덜 호감이 가는 사람으로 보이게 할 수도 있다는 것이다. 당신은 능력과 호감 둘 다 소유하고 있는지에 대한 이상한 질문을 받아 본 경험이 있는가? 잘 모르겠다면, 선천적으로 인간미가 있고 지적인 면, 두 가지 특성이 모두 한 사람에게 공존할 수 없다는 의심스러운 반응을 사람들이 보이는 것이 비현실적으로 느껴지기 때문일 것이다.

분명히 남성에게서 기업가 정신, 자신감, 비전, 그리고 논쟁의 여지 없이 칭찬받는 일들이 여성에게는 오만과 자기 자랑으로 인식된다. 이것은 나의 영향력에 대해 느낀 많은 부분을 설명해준다. 하지만 아무리 자각을 하고 있다고 해도 변하지는 않았다. Linkage의 여성 리더십 콘퍼런스의 성장을 예로 들어보자. 이 프로그램이 쌓아온 성공과 영향력의 공을 리더로서 이끌어 가고 지원해 준 많은 남녀 동료, 교수진, 참가자들에게 돌린다. 나는 이 행사의 홍보대사로써 적극적으로 참여해왔고, 앞으로도 계속 그럴 것이다.

몇 년 동안 사회를 보다가 기조연설자 대열에 합류한 다음, 마지막으로 공동의장직을 맡은 것은 나의 전략적인 선택이었다. 어떤 사람, 즉 용기 있는 여성 리더들과의 공식적인 연결고리가 있다면 그 프로그램은 계속 성장할 것이라는 가설에 근거한 것이었다. 이를 위해 용기를 내야 했고, 비전이 있어야 했으며, 성공하기 위해서는 상당한 자신감이 필요했다. 강단 위에서 비판적 내면의 목소리를 연기하는 것은 피곤한 일이었고, 다른 여성들이 동정심을 가질 수 있도록 돕기 위한 목적으로 그 일을 하고 있다는 것을 계속 나에게 상기시켰다. 그러나 몇 년 동안 몇몇 사람들이 내가 순전히 사리사욕과 자기 홍보를 위해서 하는 일로 보인다는 뒷말을 들었다. 오늘날까지 이러한 비난과 편견을 생각하면 화가 난다. 이 프로그램의 성공에 기여한 나의 역할에 대한 인식, 혹은 편견을 바꾸기 위해 내가 할 수 있는 일에는 한계가 있다는 것을 알게 되었다. 내가 할 수 있는 일은 이 프로그램이 계속해서 영향력을 미칠 수 있게 다른 사람들을 격려하고 그들을 나와 함께 참여시키는 것이다.

현재 매우 유능하고, 똑똑하며, 전문성을 지닌 케리 세이츠 Kerry Seitz 가 임원을 맡고 있다. 이제 그 행사는 그녀의 배이고 그녀가 선장이다. 나는 그 선장의 교수진이며, 고문 겸 공동 의장직을 맡고 있다. 거의 20년 가까이 된 우리의 대표작인 Linkage의 '여성 리더십 콘퍼런스 Women in Leadership Institute'에서 그녀, 그리고 그녀 이전의 많은 유능한 여성들을 코치하고 지원하는 것은, 오직 나만을 위해 이 일에 관여하고 있다는 비난을 떨쳐내는 데 도움이 된다. 어느 정도 수준에서, 우리는 일반적인 편견으로 인해 다른 사람들에게 보여지는 모습보다 우리 자신의 진실한 목적을 신뢰할 필요가 있다.

더블 바인드라는 용어는 1950년대 인류학자 그레고리 베이트슨 Gregory Bateson 에 의해 처음 사용되었다. 이것은 개인 또는 그룹이 두 개 이상의 상반되는 메시지를 수신하고 하나의 메시지가 다른 메시지를 부정하는 경우에서 오는 커뮤니케이션 상황을 일컫는다. 이러한 진퇴양난의 상황은 예전에도 그랬고 지금도 여전히 어떤 사람들에게는 덜 유능하고 어떤 사람들에게는 덜 호감이 가는 것으로 보일 위험을 감수하면서도 주도적일 때이다. 그럼 그런 상황에서 어떻게 해야 할까? 모든 사람이 나를 좋아할 수 없다는 사실을 받아들이게 되었다. 가만히 앉아서 누가 나를 좋아하는지 아닌지 마음을 졸이고 싶지 않다. 차라리 내 좋은 의도를 믿어주는 사람들과 함께 세상에 변화를 일으키는 일을 하고 싶다. 이것은 모든 것을 원활하게 하는 자기 연민의 순간적인 실천이다.

더블 바인드는 다음 장에 언급할 장애물인 '명확성'에 대한 연료가 될 수도 있다.

4장

원하는 것에
대한 명확화

이 장애물을 처음 대했을 때, 그것을 '양면성'이라고 불렀다. 의학계에 종사하는 여성 의사들에서부터 금융계에 종사하는 다양한 직군의 여성들을 관찰했다. 게다가 기술 및 자동차 및 소비재 회사에 종사하는 여성들에 이르기까지, 분명한 장애물을 관찰했다. "직업적으로 다음 단계에 무엇을 원하는가"라는 주제가 나오자, 여성들은 애매모호하거나 양면성을 나타냈다. 다음 단계로 무엇을 원하는지를 알고 있는지 질문했을 때, 95%에 가까운 대다수의 여성은 단순하게 "글쎄요" 또는 "전혀 모르겠어요"라고 대답했다.

　이 대답은 나를 잠시 멈추게 했다. 이것이 여성들이 임원으로 발탁되지 않는 이유일까? 자신을 위해 무엇을 원하는지 확실히 모르거나 불분명해서, 그래서 우리 자신을 적극적으로 홍보하지 않는 것일까? 더 나쁜 것은 원하지 않는 자리로 발령이 나서 떠나기로 하는 것인가? 만약 목표에 대해 불확실하다면, 다른 사람들의 지지를 받을 수 있을까?

　이것이 왜 일부 여성들이 승진하지 않는지에 대한 이유 중의 하나라고 생각한다. 그렇지만, 슬프게도 무엇을 위해 노력하는지에 대해 항상 명확히 알고 있었던 사람들도 남성과 같은 속도로 임원으로 승진하지 못하는 것에 대한 답으로 귀결되지 않는다. 경력을 쌓으면서 원하는 것에 대해 명확히 알고 있지만, 그들이 원하는 만큼 승진하지 못하는 여성들에 대한 이유는 다음 장에서 설명이 될 것이다.

Linkage의 GILD글로벌 리더십 프로그램 교수진이자, 코칭습관에 관한 저자인 마이클 번게이 스태니어 Michael Bungay Stanier 는 "무엇을 원하는가"라는 질문이 '금붕어 질문' 같다고 언급하면서 이 질문을 받게 되면 '종종 커진 눈과 아무 소리도 못 낸 채 입을 끔벅거리게 된다'라고 한다. 재미있는 묘사이자, 내가 느낀 점과도 일치한다.

내 경험상, 당신이 원하는 것이 무엇인지 명확히 알고 있지만 더는 승진이 되고 있지 않다면, 당신은 아마도 다음과 같은 상황을 겪고 있을 것이다.

- 너무 많은 일을 하려 하고, 자신의 가치를 업무를 통해 증명하려고 하다 보니 의도하지 않게 포기하게도 되고, 다른 사람들에게 영향을 주는 것을 못하게 된다. 이것은 너무 많은 가치를 추구하기 때문에 생기는 장애물로써 「5장」에서 다룰 예정이다.

- 당신이 다음 단계를 수행할 자격이 없거나 준비가 되어 있지 않거나 능력이 없다고 암시적으로 또는 명시적으로 믿고 있다. 이것은 「6장」에서 다루게 될 자신감의 장애물이다.

- 당신의 브랜드와 존재감 그 자체로 영향을 미치거나 혹은 원하는 의도와는 다르게 영향을 미치기도 한다. 이것은 브랜드와 존재감의 장애물이며, 「7장」에서 다루게 될 것이다.

- 중요한 사람들이 당신이 원하는 것을 모르고 있는데도 알고 있을 것이라고 믿고 있다. 이것은 당신이 원하는 것을 요구하는 장애물이며, 「8장」에서 다루게 될 것이다.
- 권력의 위치에 있는 사람들 간의 관계를 구축하고 활용하는 것이 산더미 같은 해야 할 일의 목록만큼 중요하지 않다고 생각해서, 네트워크 쌓기를 한쪽에 미뤄두는 것. 결과적으로 당신은 인사를 담당하는 사람들의 레이더에 잡히지 않는다. 이것은 네트워킹의 장애물이며, 「9장」에서 다루게 될 것이다.
- 마지막으로, 당신이 원하는 승진의 기회를 만들어 줄 수 있는 사람들로부터 편견에 직면하고 있을 수도 있고, 원하는 것을 표현하기 위해 필요한 지원을 못 받고 있을 수도 있다. 이에 대해서는 「3장」에서 편견의 장애물에 대해 언급했다.

Linkage의 여성리더십 아카데미에 참여한 전 세계의 여성들과 함께 일하면서 주기적으로 자신의 마음을 '확인하는 것'이 정말 중요하다는 것을 알게 되었다. 자기의 생각과 감정을 알아차릴 때 사용하는 근육, 즉 의식적인 인식을 통하여 스스로 "내가 무엇을 원하는가?"라고 자문해야 한다.

흥미롭게도 여성들은 다른 사람들이 무엇을 원하는지 묻고 자신의 일정, 자산, 전략을 상대방의 요청에 맞게 조정하려는 경향이 훨씬 더 강하다. 포브스 잡지 기고가인 글렌 로피스 Glenn Lopis 는 "여성들이 남성보다 지속가능성에 있어 탁월한 4가지 기술"을 설명한다. "여성은 본능적으로 베푸는 사람이다. 여성들은 사회적 요구의 발전과 가속화에 기여하는 명분이 있는 삶을 살고 싶어 한다. 직장에서 여성들이 주변 사람들에게 영감을 주고 능력을 끌어올리는 데 뛰어난 이유가 바로 여기에 있다. 대부분의 여성 리더들이 탁월한 장기적 전략가라고 할 수 있는 것도 이 때문이다."

다양성 전문가이자 리더인 사라 베트만 Sarah Bettman 은 경계를 정하는 데 도움이 되는 명확한 기준이 없다면 이 모든 것에 대한 대가가 따를 수 있다고 주장한다.

"대학 졸업 후 우연히 경영 컨설턴트 길로 잘못 들어섰다가 소방 구급대원이 되었다고 우스갯소리를 자주 한다. 10년 동안 긴급 구조대에서 근무하면서, 내가 뛰어넘어야 할 장애물이 바로 삶의 가장 큰 변화라는 것이 분명해졌다. 고등학교와 대학교 때 뭘 하고 싶은지 몰랐다. 인제 와서 돌이켜보니 다른 사람들이 나에게서 필요로 하거나 기대하는 것이 곧 내가 원하는 것이라고 생각했다. 나는 주도적인 사람이기 때문에 목표로 했던 많은 일을 해냈지만, 진정으로 원하는 것들을 명확히 하지 않았기에 결과적으로 벅찬 감정을 느끼지 못 하는 일들만 많이 하게 되었다. 긴급 구조대에서 근무할 때 업무 자체는 재미있었고 동료들은 가족 같았지만, 그 일은 내가 하고 싶은 일이 아니었다. '생명을 구하는 일을 업으로 삼고 있지만, 그것으로 충분하지 않다고 생각하면서 왜 그런 생각이 드는지 궁금했다. 일을 잘했고, 후원자도 있었고, 그 업계에 미래가 있었지만, 은퇴한 후 내가 어떤 사람인지를 먼저 규명해야 한다는 것을 알게 되었다. 나는 남들을 위해 봉사하고 싶었고 사람들이 더 나은 삶을 살 수 있도록 돕고 싶어 한다는 것을 알게 되었다. 긴급 구조대에서 일하면서 실천하고 있었지만, 엉뚱한 곳에서 하고 싶은 일을 하고 있었던 것이었다.

명확성에 대한 질문을 받으면, 많은 사람은 그들이 원하는 역할에 대해 생각하지만, 그것은 역할에 관한 것이 아니라 하는 일에 관한 것이다. 자신이 좋아하는 활동, 즉 자신이 잘할 수 있는 일과 하고 싶은 일에 대해 생각하는 것은 꼭 필요하다. 만약 자신이 그러한 활동을 하고 싶다고 다른 사람들에게 알린다면, 그들에게 더 손쉽게 도움을 받을 수 있을 것이다. 예를 들어, 최근에 직장을 옮기기 전에 무언가를 만들고 싶다는 것을 다른 사람들과 공유했다. 무슨 직책을 원하는지는 잘 몰라도 무엇을 하고 싶은지는 알고 있었다. 새로운 업무를 맡으면서 그 사실을 활용할 수 있었다. 지금 나는 큰 조직 내에서 다양성과 포용리더십 프로그램을 개발하고 있다. 마침내 항상 되고 싶었던 사람이 되었다고 느낀다. 거기까지 가는 데 명확성이 필요했을 뿐이다."

Linkage는 명확성이란 승진할 때마다 자신이 누구이고 무엇을 원하는지 아는 것이라고 정의한다. 이것은 자신이 창출할 수 있는 가치를 아느냐에 달려 있다. 리더들이 승진하여 새로운 역할과 책임을 맡을 때마다, 리더로서 그들의 의식은 확장되고 성숙해져야 한다. 우리는 여성의 리더십 진단에서 '명확성'을 다음과 같이 평가한다. "어떤 리더가 될지 그리고 일하는 직장에서 어떻게 기여하고 싶은지에 대한 설득력 있는 미래 비전을 제시한다."

LPL 파이낸셜(LPL Financial)사의
멜리사 마스터-홀더(Melissa Master-Holder)가
말하는 명확성 발견하기

멜리사의 업무 경력은 조직효과성과 관련되어 있다. 리더십 개발 전문가이기도 한 그녀는 디자인 사고, 인간 중심의 디자인 사고와 혁신의 영역에서 일하며, 고객들이 더 좋은 성과를 낼 수 있도록 돕는다. 멜리사는 다양한 조직과 산업에서 일해왔다. 멜리사는 다양한 기회에서 많은 성공을 거두었다. 일하는 동안 그녀는 명확성의 장애물에 직면해서 숙달했고, 이제 다른 사람들에게도 그 방법에 대해 지도하고 있다. 그녀의 설명은 다음과 같다.

"몇 년 동안 내가 무엇이 되고 싶은지, 어떻게 보이고 싶은지, 무엇을 할 수 있는지에 대한 명확성이 부족했습니다. 내가 어떻게 기여할 수 있고 어떤 것을 누릴 자격이 있는지에 대한 명확성이 부족했어요. 나는 4명의 자녀(성인 딸 3명, 10대 아들 1명)를 둔 엄마인데, 내가 자녀가 4명이라고 말할 때마다 어떻게 좋은 엄마일 수가 있는지 사람들은 놀라죠. 그런 반응을 많이 경험했어요. 자녀가 있다면 두 곳(가정과 직장) 모두 잘할 수 없고, 모든 것을 가질 수 없다는 것이 고정관념이기 때문이죠. 젊은 시절 은행에서 일을 시작했을 때, 내가 여자이기 때문에 다른 사람과 다르고 임원 자리에 오르지 못할 것이라고는 생각하지 않았죠. 나는 매우 자유로운 분위기의 가정에서 자랐고, 나 자신에 대해 책임지고, 자신감을 갖도록 교육받았어요. 직장 생활 초기에 나는 회의 중에 나의 관점을 공유하기에는 내가 '너무 어리다'는 말을 들었어요. 그리고 여자로서 내 삶이 어디로 흘러갈지 아직 알지 못한다는 것, 결혼도 하지 않았고 아이를 가져야 하는 '의무'가 있다는 말을 들었죠. 그때 어쩌면 내가 하고 싶은 일을 할 수 없을지도 모른다는 생각이 처음 들었어요."

"아버지한테 이렇게 말했어요, '어쩌면 내가 이 모든 걸 하지 말아야 할까요.' 아버지의 대답은, '그 사람이 말한 내용의 50%만 새겨듣고, 나머지는 무엇이 너 자신을 위한 일인지 생각해봐라'였죠.

나는 결혼도 하고 경영학 학위도 취득하였으며 아이도 낳았습니다. 난 끊임없이 어떻게 하면 더 성장하고 기여할 수 있을까 방법을 찾고 있었습니다. 네 번째 아이를 가졌을 때 이런 고정관념에 다시 직면하게 되었어요. 당시 식음료업계에서 일하고 있었는데 회사 대표에게 '임신을 했고, 출산휴가를 갈 예정'이라고 말했을 때, 그는 나를 보고 '와~ 왜 그랬어요?'라고 말했어요. '당신은 이미 아이가 셋이나 있잖아요. 당신은 결코 출세하지 못할 거예요. 출산 후 일에 복귀할 수 있겠어요?'

나는 네 명의 자녀를 두었고, 학위를 받았고, 경력을 발전시켰습니다. 결코 쉬운 일은 아니었지만, 그건 내 선택이었어요. 나는 이 모든 것들을 원했어요. 결국, 그 회사를 그만두었는데 나의 노력이 다른 사고방식을 가진 경영진에게는 가치가 있겠다는 명확성을 가지고 있었기 때문이죠."

"우리 모두 특정한 사연과 선택권을 가지고 있기에 그것이 때로는 각자에게 다른 장애물이 됩니다. 내가 하는 선택과 결정으로 인해 살면서 다른 장애물에 직면하리라는 것을 인지하고 그 사실을 먼저 인정해야만 했어요. 다른 사람들이 내 장애물을 더 어렵게 만들지 못하게 하는 법을 배웠고, 장애물을 인지하고 관리합니다. 장애물에 직면할 때마다 어렵게 만드는 것이 아니라 관리할 수 있게 도움을 주는 주변 사람들이 내 주위에 있어요. 장애물의 높이가 높아질 때는, 내 머릿속에 있는 목소리, 비판적 내면의 목소리도 포함해서 귀 기울여요. 이 상황에서 나에게 가장 중요한 것이 무엇인지를 스스로 묻습니다. 다른 사람들도 이 접근 방법을 활용해보도록 코칭합니다. 명확성은 우리가 필요로 하고 원하는 것이 무엇인지 명확히 하는 것과 우리 자신을 확인하는 데서 옵니다. 그것은 먼저 자기 자신을 돌보고, 남에게 베풀며, 진정한 자아로 사는 것이죠."

◇ 명확성과 서비스

　명확성은 모호함 ^{우선순위를 알 수 없거나 자신의 가치를 규정하지 못하는 것}에서 비롯되는으로부터 자유로워지는 것이다. 어떤 사람들에게 이러한 가치관은 사랑, 건강, 가족, 공동체 그리고 세상을 변화시키는 것이 해당한다. 어떤 사람들에게는 성취감, 재물, 창의력, 성공이 높은 순위에 있다. 이 책에서는, 가치관을 확인한 대부분의 사람이 위의 항목 중의 하나가 아니라 몇 가지 조합을 가진 가치관을 가졌다고 가정해보자. 우선순위와 가치관이 교차하는 이유는 그것들이 결정을 대부분 주도하는 경향이 있기 때문이다. 만약 자신의 결정에 확신이 있는데 결과가 바람직하지 않다면, 그때마다 항상 목표가 더 명확해지고 다음 단계로 계속 나아갈 것이기 때문에 실망으로 인한 충격을 덜 받는다. 당신은 우선순위와 가치관을 굳건하게 지키고 있다. 하지만 명확성이 부족하다면, 엄청나게 나약한 상태가 되기 쉽다. 이것은 자신이 속해 있는 주변의 상황에서 불확실성으로 고민하는 데서 오는 취약성이다.

　자신이 무엇을 원하는지 명확히 알고 있어야 한다는 것을 자각하는 순간, 이미 당신은 명확성을 향한 길을 걸어가고 있다.

　모든 장애물과 마찬가지로, 나는 명확성의 장애물에 반복적으로 그리고 제법 심하게 걸려 넘어졌다. 5살 미만의 두 아이를 둔 30대 중반이었을 때, 같은 일에 계속 종사하고 있었다. 다른 사람의 아이디어, 브랜드, 리더십, 책을 마케팅, 판매하고, 성장시키는 것을 돕는 일이었다. 나는 변화를 일으키는 생각을 홍보하는 것을 좋아한다. 또한 행사 참여를 촉진해 수익을 창출하기 위해 다른 사람들과 일하는 것을 좋아한다. 개인과 조직에 엄청난 변화를 가져와 사람들이 인간관계, 목표, 리더십, 영향력, 생활, 그리고 그들이 사랑하는 사람들의 삶을 개선하는 데 도움을 준 조직에서 일하는 행운을 누렸다. 함께 일한 사람들은 그들의 분야에서 최고였고, 나는 사업 관리, 전략 마케팅, 사업 개발, 제품 및 솔루션 개발 업무를 맡았었다. 가장 좋아했던 업무는 무에서 유를 창조할 때, 기존의 시스템을 기반으로 새로운 것을 개발하여 다른 사람들이 비전대로 생활할 수 있도록 도울 때였다. 그러나 서른다섯 살 때, 내 머릿속에서 "너의 생각, 지식, 가르치는 능력을 그대로 둘 거니?"라고 말하는 잔소리 비록 속삭임이었지만 를 무시하기 힘들었다. 보통 이 '내면의 속삭임'을 들을 때마다, 비판적 내면의 목소리는 재빠르게 그것을 쏘아붙일 준비가 되어 있고, 이렇게 말한다. "아니, 넌 박사 학위도 없고, 아이비리그 학교를 나온 것도 아니고, 학원에서 가르치고 있는 것도 아니잖아. 넌 사업을 개발하는 사람이지만, 잘 팔리는 아이디어를 파는 사람이 될 수는 없어."

그뿐만 아니라 몇 번인가 다른 표현으로 이 비판적인 목소리가 정확했다는 소리를 들었다. 나는 일을 잘한다는 말을 들었다. 일을 효율적으로 한다는 것을 확인할 수 있어서 좋았다. 하지만 내가 잘하고 있는 일보다 더 많은 일, 예를 들면 마케팅과 영업 일을 하고 싶었다. 함께 일했던 리더는 실제로 이렇게 말했다. "당신은 항상 들러리가 될 겁니다. 사람들이 얘기를 듣고 싶어 하는 사람은 당신이 아니라 바로 나입니다." 다른 여성들로부터 그들 역시 고개를 숙이고 그들이 맡은 일이나 계속하라는 얘기를 들었다는 말을 들었다. 이것은 마음의 속삭임을 억누르는 일이기 때문에 맥 빠지는 일이다. 이것은 또한 일부 여성들이 다음 단계에 무엇을 원하는지 명확히 말할 수 없거나 말하려 하지 않는 이유이기도 하다. 현재 작업하고 있는 것보다 더 많은 일을 할 수 있다는 것을 인정하는 것은 때론 위험하게 느껴질 수도 있다.

남들이 얘기를 듣고 싶어 하는 사람이 내가 아니라는 말을 들은 것이 초기 신호였다. 사상가/저자/전문가들을 위해 일하는 것이 나의 열등감을 유지하는 확실한 방법이라는 것을 일찍 깨닫게 되었다. 나의 비판적 내면의 목소리가 또다시 역할을 단단히 하고 있다는 게 분명해지고 있었다. 즉, 나는 리더십과 인간관계 관리 분야에서 배우고 영업하는 일 외에 특정한 목소리를 내거나 기여할 수 있는 어떤 희망도 저버리는 것이었다.

나는 그 생각을 떨쳐낼 수 없었다. 내 분야에서 가장 훌륭한 선생님들의 사업 파트너였다. 이 모든 사람들로부터 배운 학습의 결과는 꽤 대단한 것이었다! 심지어 친한 친구가 "만약 네가 강단에 선다면, 500명을 바라보며 뭐라고 말하겠어?"라고 물었을 때도 나는 어떻게 대답해야 할지 몰랐다. 그런 생각을 해 본 적이 없었는데, 그 질문이 나를 자극하고 괴롭혔다. 답을 찾기 위해 나는 많은 책을 읽고 많은 사람들과 이야기를 나누었고, 그 해답의 발견을 마치 내 일처럼 받아들이기로 했다. 한 가지 사실을 깨닫기 전까지는 모든 것이 불투명했다. 나의 재능과 능력을 다른 사람들을 위해 사용하기 시작했을 때 명료함이 나타났다.

네가 원하는 것을 속삭이는 목소리에 주목하라.

어느 정도 수준에서, 우리는 무엇을 원하는지 알고 있다고 믿는다. 우리의 독특한 재능이 무엇인지 알고 있다. 만약에, 어, 나는 모르겠는데, 라고 혼잣말을 하고 있다면 잠시 기다려 달라. 원하는 것에 대한 단서는 종종 우리 주위에 있다. 그것들을 귀 기울여 듣거나 보지 못했고 스스로 믿지 못했을 뿐이다. 일하면서 당신이 즐거웠던 적이 언제인지 생각해 보는 것에서 시작하는 것이 좋다. 당신의 경력에서 완전히 심취해서 자신의 가치가 빛난다는 느낌을 받았던 두세 번의 경험은 언제였는가?

2014년으로 돌아가서, Linkage의 한 동료 임원이 Linkage 여성리더십 콘퍼런스에서 기조연설자로 활동할 것을 나에게 권유했다. 그는 단호했고 다른 사람들이 나를 설득하게 했다. 나는 겁이 났다. 무대에 오르는 것은 두렵지 않았다. 몇 년 동안 극단에서 연기하고 행사 사회를 많이 본 덕분에 자연스럽게 몸에 배었다. 다만 무대에 올라 내 생각을 공유하고, 내가 쓴 대사를 전달하는 것이 두려웠던 것이다. 무엇이 훌륭한 연설가를 만드는지 알고 있었다. 보통은 유용한 모델이나 프레임워크를 훌륭한 스토리텔링과 적절하게 혼합하는 것이다. 600명 이상의 여성들과 그들의 승진에 도움이 되는 이야기를 할 특별한 자격이 나에게 있는 것일까? 비판적 내면의 목소리는 신나게 하루를 보내고 있었다.

참가자들에게 도움이 되는 이야기를 해야겠다는 생각에 일상생활의 소소한 이야기들, 즉 아이들 밥 먹이기, 전자레인지 사용하기, 자아가 강한 사람들과 일하는 법, 많은 일 한꺼번에 하는 법 등을 포함해 많은 불필요한 이야기들을 배제했다.

비슷한 시기에, 나는 여성 리더들이 반드시 직면하는 문제 그중 하나가 비판적 내면의 목소리 를 어떻게 다루는지에 대해 공개 가상 웹 세미나를 개발했다. 웹 세미나는 놀랍게도 800명 이상이 등록했고, 그들을 좌절하게 만드는 가장 큰 문제는 무엇인지 설문 조사했다. 응답자의 80% 이상이 그들의 비판적 내면의 목소리라고 투표했다. 여기서 나는 아이디어를 얻었다. 만약 내가 비판적 내면의 목소리를 표현하고 여성 리더들에게 공감센터로 돌아가는 방법을 알려주면 어떨까? 내 자신을 의심하고, 비난하고, 내려치고, 판단하고, 무자비하게 대했고, 대체로 자신에 대해 경멸이 가득 찬 순간들에 대한 이야기는 얼마든지 할 수 있었다. 또한, 다른 사람들이 나를 이해하지 못한다고 생각했고, 나의 독선적인 분개가 얼마나 좋고 자연스러운지를 인정할 수 있었다. 우리는 그것에 대해 웃으면서 배울 수 있었다! 아마도 꽤 많은 사람이 나누고 있을 마음의 대화를 내 경험담의 도구로 사용하는 것이다. 나는 그들에게 그동안 가장 훌륭한 인간관계, 리더십 사상가들로부터 배운 자기인식에 대한 것을 공유했다 나의 독특한 재능을 다른 사람들을 돕기 위해 어떻게 사용할 수 있는지에 대해 새로 발견한 이 명확성을 수백 명의 사람 앞에 서면 연약해지는 느낌을 받았던 그 심리상태와 혼동하지 말자.

유명한 베스트셀러 작가이자 부끄러움, 취약성, 용기에 관련된 주제의 전문가인 브레네 브라운 Brene Brown 이 이름 붙인 '대담하게 맞서기'를 결심했고, Linkage 여성리더십 콘퍼런스 무대에 올라, 일로 성공한 650명의 여성들이 앉아있는 강당에서 나의 첫 기조연설을 했다. 그 뒤로 몇 년 동안 행사에 참여한 여성들이 들려주는 그들의 비판적 내면의 목소리에 관한 이야기에서 그들이 고민하는 공통적인 주제에 대한 명확성을 이끌어내고, 궁극적으로 이 책에서 다루는 일곱 가지 장애물의 주제로 이어질 것을 그때는 알지 못했다.

◇ 목적과 소명의 중요성

리처드 라이더 Richard Leider 는 '목적의 움직임'으로 유명하다. 그는 세 권의 베스트셀러를 포함한 10권의 책을 쓴 작가로서, 그의 작품은 21개의 언어로 번역되었다. 『인생의 절반쯤 왔을 때 깨닫게 되는 것들 Repacking Your Bags』과 『목적의 힘 The Power of Purpose』은 개인 성장 분야의 고전에 해당된다. 또한 Linkage의 목적지향의 리더십 Purposeful Leadership 모델을 기반으로 한 GILD Global Institute for Leadership Development 의 공동 의장을 맡고 있다.

미리 얘기하지만, 명확성을 찾아 나선 나의 여정에 가장 큰 도움을 준 것은 리처드의 목적에 관한 내용이다. 리처드는 친절하게도 명확성의 장애물에 대한 질의응답을 해 주었고, 명확성의 장애물에 가장 도움이 될 것으로 생각되는 네 가지 질문에 대답했다.

Q 우리의 목적을 아는 것이 왜 중요한가?

A 우리의 목적을 아는 것은 필수적이다. 그것은 사치가 아니며, 부유한 사
   람에게만 해당하는 것이 아니다. 사실 우리의 건강, 치유, 장수, 생산성,
   그리고 번영의 기초가 된다.

Q 소명과 목적의 차이는 무엇인가?

A 모든 사람은 독특한 재능(능력)을 갖고 있다. 소명이란 목적을 직업으로 표
   현한 것이다. 당신의 소명은 일터에서 나타나는 당신의 재능이다. 당신의
   소명은 매일 일터에서 당신의 목적을 실현하는 방법이다. 당신의 소명은
   당신이 기여하는 것이다. 자신의 소명을 분명히 하는 것은 아침에 일어나
   야 할 이유를 제공하고 그것은 당신의 일과 연결된다. 평생의 60% 이상
   을 직장에서 보낸다는 점에서 우리는 재능을 이용해 기부하고 있다는 확
   신을 가져야 한다.

Q 우리가 직업에 있어서 무엇을 원하는지 효율적으로 알아내는 방법은 무
   엇일까?

A 누가 봐도 알 수 있는 '효율적인' 두 가지 방법이 있다. 첫 번째 빠른 방법
   을 나는 '1분 코칭 학교'라고 부른다. 그 공식은 이렇다. 재능+열정+가치=
   의미. 다음을 적어보아라.
   ① 선천적이거나 후천적으로 얻은 재능. ② 당신의 관심인 열정+가치(당신
   의 재능을 어디에 사용하고 싶은지, 어떤 분야에 관심이 있는지)를 더하라. 그러면 그
   결과는 당신의 직장에서의 목적과 같다.
   당신의 목적을 분명히 하는 두 번째 빠른 방법은 보편적인데, 이것을 거
   울 테스트라고 부른다. 노란 포스트잇을 꺼내서 '성장하고 봉사하라'라는
   단어를 써서 욕실 거울에 붙여라. 잠에서 깨면 '오늘 내가 어떻게 성장하
   고 봉사할까?'하고 자문해 보라. 하루를 마감하고 자러 가기 전에 오늘
   내가 어떻게 성장하고 봉사했는지 자문해 보라.

Q   사람들이 원하는 답을 얻기 위한 질문으로 가장 좋은 질문은 무엇인가?

A   65세 이상 장년층들을 대상으로 새로운 삶을 살 수 있다면, 어떻게 다르게 살고 싶은가를 조사했다. 이 조사에서 세 가지의 주제가 나왔는데, 더 사고하고, 더 용기를 내고, 더 목적이 있는 삶을 사는 것이었다. 가장 도움이 된다고 생각되는 질문은, 성공은 당신에게 어떤 의미인가? 좋은 삶이란 무엇인가? 당신이 늘 실천하는 것은 무엇인가? 당신은 무엇을 위해 아침에 일어나는가? 이다.

리처드의 방대한 무기고에 있는 도구 중 하나는 52개의 카드인데, '소명 카드Calling Cards™'라고 부른다. 이 카드는 사용자들로 하여금 자신의 독특한 재능에 대한 인식을 높여준다. 이 카드를 가지고 작업한 결과, 나의 소명은 영혼 깨우기, 참여시키기, 문제의 핵심 도달하기, 서로 연결하기, 그리고 아이디어 진행하기를 포함한다는 것을 분명히 알게 되었다. 이 책은 당신을 위해 명확해지기를 바라는 이와 같은 생각의 조합을 직접 보여주는 것이다.

당신이 원하는 것에 대해 명확히 하는 일의 일부는 당신의 재능과 능력을 받아들이고 자신을 사랑하는 것이다. 「6장」에서 자신감에 대해 더 다루게 될 것이다.

신시아 트라게-라크라 Cynthia Trage-Lakra 는 전 세계에 직원 1만 6000명을 거느린 소비자 금융회사인 싱크로니 파이낸셜 Synchrony Financial 의 인재 및 변화담당 수석 임원이다. 그녀의 '수석' 타이틀과 인재, 변화와 같은 직책의 용어를 보고 그녀가 손쉽게 명확성을 획득했다고 추측할지도 모른다. 하지만 아니었다. 그녀의 어머니는 전화와 통신 분야에서 가업을 시작한 사업가였기 때문에 신시아는 모든 사람들이 일이 완성되기 위해 필요한 역할만 할 뿐이라고 생각하며 성장했다. 모든 사람이 여러 가지 일을 했다. 신시아는 "특히 나이가 어릴 때는 적응하려고 애쓰기 때문에 무엇을 모르는지를 모르고, 좋은 리더가 되기 위해 배우는 것과 강한 문화에 적응하는 것을 배우는 것을 구분하기 어렵다"고 설명한다. "나는 항상 두 가지를 구분하지 않았다. 하고 싶은 것을 요구해도 돌아오는 대답은 그렇게 분명하지 않았고, 사람들이 어깨를 툭툭 치며 '이 일을 해 주면 좋겠는데, 아니면 저 일을 해 주면 좋겠다'라고 하는 말에 휩쓸려 다닌다. 어느새 어떻게 그곳까지 오게 되었는지 알 수 없는 곳까지 와 있다. 그것은 아마도 명확성에 대한 나의 약점일 것이다. 경력을 제외하고 모든 것에 대해 원하는 것이 무엇인지 명료했다. 설령 원하는 것을 요구한다고 해도, 그것을 끝까지 고수하지 않았다. 기업에서 일하다 보면 주위에 지원 제도와 지원 인력이 많기 때문에, 자기 자신은 많이 배우고 있는 것처럼 '보여' 매력적이라고 생각한다."

"젊은 사람들에게 조언한다면, 몇 년마다 완전히 다른 일을 하라는 것이다. 회사를 옮겨라. 누구도 최대 10년 이상 한 직장에 머물러서는 안 된다고 생각한다. 당신은 항상 기능적으로 자신의 능력을 재가공할 수 있지만, 어느 회사든 조직 문화는 당신이 객관적인 관점을 잃게 하여 당신의 학습은 성장을 멈춘다. 새로운 환경에 적응하며 당신은 긴장하게 되고 당신을 충전시킨다. 아마 다른 곳에서 사용하지 않았던 재능을 발견하게 될 것이고, 더 열심히 일하게 만든다. 새로운 환경으로의 이동은 계속해서 여러분에게 도전이 될 것이다. 그로 인해 진정한 리더십 스킬을 배우게 된다. 오늘날의 내 역할은 직원들에게 자신을 불편한 상황에 놓고 항상 업무 외적인 일 중에 관심 있는 일에 참여하라고 말한다. 일이나 개인적으로 충만한 삶을 살게 되면 비판적 내면의 목소리는 균형을 맞추게 된다."

◇ 분명함을 얻기 위한 상황을 만드는 것

타라 스와트Tara Swart 박사는 신경과학자, 리더십 코치, 수상 경력이 있는 작가이자 의사, 그리고 Linkage 여성리더십 프로그램의 교수다. 우리의 뇌가 명확해지는 데 필요한 조건이 무엇인지에 관한 그녀의 연구에서, 우리의 목적과 삶에 대한 명확성을 알기 위해 우리를 최상의 환경으로 만들어 줄 구체적인 행동들이 있다는 것을 발견했다.

수면의 중요성

스와트 박사는 제일 중요한 첫 번째가 충분한 수면을 취하는 것이라고 설명했다. "몸이 피곤하면 뇌는 더 고차원의 생각을 하지 않게 될 것이고, 뇌는 오로지 생존하는 데만 집중할 것이다. 우리는 '내가 정말 원하는 것이 무엇인가'라는 어려운 생각을 할 수 있도록 뇌를 쉬게 할 필요가 있다. 스와트 박사는 하루에 7~9시간의 수면을 권한다. 전체 인구의 1~2%만이 하루 7~9시간 이하의 수면으로도 뇌의 전체 활동이 가능하다고 한다. 게다가, 비판적 내면의 목소리를 압도할 힘은 우리의 뇌가 충분히 쉬었을 때만 나온다. 편안한 수면을 위해, 방해받지 않는 어둡고 조용한 방에서 잠을 자기를 권한다.

식단의 중요성

스와트 박사는 우리의 두뇌를 발달시키기 위한 건강한 식단이 많다고 지적하지만, 바쁜 여성들에게는 여러 번, 하루에 6번까지 조금씩 나눠 먹는 식습관이 목적 지향적인 결정을 내리는 데 필수적이라고 한다. 평균 뇌는 4~5파운드 무게지만 음식 분해 산물의 25~30%를 섭취하고 있다고 설명했다. 연료공급이 없으면 말 그대로 결핍증에 빠진다. 장기적으로 생각할 수 없고 전략적으로 생각할 수도 없다. 1~3%의 탈수증은 신경이 의사소통할 수 없고 최선의 결정을 내릴 수 없다는 것을 의미한다. 코칭 세션이나 고객 미팅 전에 그녀는 항상 무엇인가를 먹는다. 그 이유는 뇌 연구에 의하면, 영양을 공급하면 그녀의 정신 능력이 훨씬 더 좋아질 것을 알기 때문이다. 스와트 박사는 적은 양을 더 규칙적으로 먹고 물을 더 많이 마시라고 권한다. "목마른 것을 알 때쯤이면 3%가 훨씬 넘는 탈수증세가 있는 겁니다"이 발언으로 인해 내가 사실 목이 마르고 5시간 동안 아직 물을 한 잔도 마시지 않았다는 것을 상기 시켜 주었다. 물병을 가득 채운다. 그리고 비판적 내면의 목소리는 내려 앉히도록 함을 알았다."

산소와 움직임의 중요성

스와트 박사가 "산소가 매우 중요하다"라고 말했을 때, 처음에는 웃어넘겼는데 곧 진지한 의미라는 것을 배웠다. "스트레스받은 사람들은 숨을 죽이고 숨을 아주 얇게 들이마신다. 심호흡을 깊게 하는 연습을 하면 뇌가 최대치로 활동할 수 있게 된다." 게다가, 우리는 몸을 움직여야 한다! "하루에 최소 1만보, 일주일에 150분씩 유산소 운동을 하는 것은 고차원적 사고를 하기 위한 두뇌활동에 도움이 될 것이다."

마음챙김의 중요성

스와트 박사는 "요가나 명상 같은 마음과 몸을 연결해 주는 행위는 코르티솔과 같은 스트레스 호르몬을 감소시키는 것으로 나타났다. 일주일에 세 번 요가를 하는 여성들이 그렇지 않은 같은 나이의 여성들보다 코르티솔 분비가 더 낮고 스트레스가 적다는 것을 이제 우리는 알고 있다."

지금까지 스와트 박사의 실행 가능한 훌륭한 조언에 대해 복습해 보자. 이상적으로는 긴 수면시간을 유지하고, 충분한 수분을 섭취하고, 정제하지 않은 설탕인 포도당 수치를 일정하게 유지하고, 산소 농도를 높게 유지하고, 코르티솔 수치는 낮추는 것이 우리의 정신자원을 최적으로 만들기 위해 우리가 해야 할 일이다. 우리는 할 수 있다!

◇ 선택을 축소시켜라

안타깝지만, 우리는 모든 일을 할 수 없다. 만약 다른 사람이 우리를 찾으면 달려가야 하는 의무감을 항상 느낀다면, 속도를 조절하고 하루에 쓸 수 있는 시간은 제한적이라는 사실을 깨닫는 것이 중요하다. 너무 많은 일을 하고 있거나 스트레스를 받을 때 일어나는 뇌의 힘이 고갈될 때 스와트 박사가 제안하는, '선택의 축소'라고 부르는 해결법이 있다. 「5장」에서 다루게 될 '당신의 가치 증명하기'에서 그 느낌에 공감할 것이다. 이것에 대해, 그녀의 조언은, "하루에 생각할 수 있는 자원이 한정되어 있다는 것을 이해하라."이다. 이 문장을 가장 중요한 단어에 집중하면서 반복해 보자 "하루에 생각할 수 있는 자원이 한정되어 있다." 다른 사람들처럼, 당신은 아마도 때때로 피곤하고 스트레스를 받을 것이고, 나도 마찬가지다. 감소하는 가장 소중한 자원은 시간이라고 생각하지만, 정신력을 포함한 내 에너지는 충분하다고 생각하고 있다. 사고하는 자원이 제한되어 있다는 생각은 해 본 적이 없다. 스와트 박사는 규칙적인 아침 일과를 보내고 비교적 사소한 결정, 즉, 다음 날 무엇을 입을지, 아침식사로 무엇을 먹을지, 아이가 있으면, 같은 결정을 하는 것 등은 전날 밤에 내리라고 권장한다. "이렇게 일정한 계획을 세워두면, 다른 곳에 집중할 수 있는 두뇌 공간이 생긴다." 매일 하는 일상적인 일들을 미리 계획한다는 것은 우리에게 즐거움을 주고, 또 목적을 느끼게 하는 것들에 더 많은 두뇌 에너지를 소비하게 된다는 것을 의미한다!

과거의 성공 기억하기

스와트 박사는 당신이 과거에 들었던 칭찬이나 이루었던 성과를 적어둘 것을 강력히 추천한다. 나는 이 습관을 코칭 고객들에게 자주 추천했고, 이것을 '개인 가치 문서'라고 부른다. 인정된 자신감과 관련한 이 도구에 대해서는 「6장」에서 더 자세히 다룰 것이다. 스와트 박사의 근거는 입증된 뇌 연구와 관련이 있었는데, 우리가 새로운 상황에 직면하거나 위험을 감수해야 할 때, 받은 칭찬이나 이룬 성취를 적어둔 목록을 들여다봄으로써 우리 앞에 놓인 일을 성취할 수 있도록 두뇌의 신뢰가 높아진다. 그녀가 제안하기를, "내가 전에도 이런 일을 해 본 적이 있는지 자신에게 물어보라." 당신이 하고자 하는 일과 당신의 목록에서 공통점을 찾아라. 더 나아가서 "만약 당신이 그 일을 해 보지 않았다면, 다른 사람의 성공 사례를 보면 된다. 한 번도 해보지 않은 일을 해야 할 때가 올 것이다. 만약 당신의 뇌가 어떤 일이 불가능하다고 생각하기 시작한다면, 당신은 그것을 성취할 가능성이 작아진다. 만약 어떤 일이 성취되었다는 증거가 없다면, 당신의 뇌는 당신이 그 가능성을 믿도록 두지 않을 것이다. 두뇌의 작동 방식을 바꿔라."

디지털 디톡스

여성의 뇌는 남성의 뇌보다 멀티태스킹에 더 능하지 않은가? 동시에 더 많은 일을 할 수 없을까? 이 근거 없는 믿음에 대해 의사는 "사실이 아니다"라고 말한다. 우리가 여러 가지 일을 동시에 할 때마다 각각의 일의 수준이 떨어진다. 디지털 디톡스 digital detox 시간을 갖는 것이 정신적인 여유를 만드는 방법의 하나다. "자신의 목적에 대해 생각할 시간을 낼 수 있는 특권이 있다면, 즉, 1시간이나 하루 이상, 1주일 정도, 디지털 기기가 없는 시간으로 만드세요. 기계를 끄고 있으면 마음이 공전하는데 그것도 괜찮습니다. 뒤로 물러나는 시간을 만드세요. 원하는 것이 무엇인지 알아내기 위해서는 마음이 떠다니게 할 수 있는 능력이 필요하며, 마음의 공전은 디지털 기기가 없는 환경이 필요합니다."

◇ 명확성 만들기

당신은 지금까지 명확성에 대해 읽었고, 그 길로 가기 위해 당신의 가치관을 인식하고, 과거의 성공을 기억하며, 디지털 기기로부터 해방시키고, 명확성이 없으면 일에서나 개인적인 삶에서 앞으로 나가지 못하는 것을 배웠다. 이제 이 장애물을 극복할 시간이다!

1. 올바른 마음가짐을 가져라

스와트 박사의 매우 유용한 조언에 덧붙여, 나뿐만이 아니라 내가 코칭하는 사람들이 자신의 재능과 능력을 다른 사람들을 위해 직장에서 어떻게 가장 효율적으로 사용할 수 있는지 알아내는 데 도움을 준 몇 가지 간단한 방법이 있다. 많은 사람이 그렇듯이, 당신은 때때로 자신의 에너지를 고갈시키거나 당신에게 도움이 되지 않는 일을 하는데 더 많은 시간을 보내는 자신을 발견하게 될 것이다. 대개 이런 지치는 날에 "내가 원하는 것은 무엇인가?"라는 질문에 직면하게 된다. 그 대답을 생각해 보기 위해 시간을 낼 필요가 있다는 것을 깨닫게 된다.

현실에 대한 자신의 내면 혹은 외부의 불평이 듣기 싫어질 때 자신이 원하는 것이 무엇인지 자연스럽게 '분명해'지는 기회가 될 가능성이 크다. 현재 상황이 만족스럽지 않다면 보다 본능적으로 명확성을 파악하려는 의욕을 갖게 될 것이다.

내가 바라는 것은 당신이 좀 더 적극적으로 행동하는 것이다. 원하는 것이 무엇인지 생각할 시간을 가지기 위해서 현재 상황에 어떤 문제가 생길 때까지 기다릴 필요는 없다는 것이다.

만약 부정적인 자신으로부터 벗어나 개인적으로 영감을 받고 힘을 얻을 장소로 이동할 5분의 시간이 주어진다면, 칼라 하리스를 찾아라. 당신을 짜증 나게 하는 사람 또는 상황에 대해 당신의 비판적 내면의 목소리가 화를 내는 것을 알아차릴 때가 바로 그때일 수도 있다. 잠시 멈추고 호기심이 생기기 시작하면 스스로 이렇게 묻는다. "만약 이 상황이 싫다면 원하는 것은 무엇인가?" 내가 좋아하고 추천하고 싶은 것은 〈칼라 하리스가 25살의 본인에게 해주는 커리어 조언〉이라는 모건 스탠리의 여성들을 위한 영상물이다.

만약 현재 상황에서 짜증 나는 모든 일을 가슴에서 내려놓고 싶다면 일기를 써라. 좋은 쪽으로 눈을 돌리기 위해서는 좋지 않은 것들은 꺼내서 없애라. 만약 당신이 명확성을 '추구'하고 있지 않다면, 그렇게 해보라고 권장한다. 자신의 인생과 리더십의 중심에 서 있는 것은 바로 자신이다. 자신의 미래에 대해 생각할 시간을 가져라.

2. 성찰하는 시간을 가져라

우리가 원하는 것이 무엇인지 명확해지려면, 다른 일과 마찬가지로, 어떻게 그리고 언제 시간을 할애하는지의 우선순위가 중요하다. 나는 해가 뜨면 일어나는 아침형 인간이고, 원하는 것이 무엇인지 성찰하는 가장 좋은 시간 또한 아침이라는 평화롭고 조용한 시간이다. 가끔은 생각하고, 글 쓰고, 사색하거나, Linkage에서 코칭하는 고객들에게 추천하는 비전 연습 중에 하나를 할 수 있도록 달력에 공식적인 일정으로 기재할 필요가 있다.

가장 도움이 되었던 과제 중의 하나는 예전에 나의 코치였던 조앤 브렘Joanne Brem으로부터 받은 것인데, 그녀에 대해서 「6장」에서 다시 다루겠다. 그것은 백지에 내 인생에서 원하는 것을 색연필로 그려보는 것이었다. 그것이 유일한 지시사항이었다. 비록 '예쁜' 그림이 완성된 것은 아니지만, 이 연습은 매우 통찰력이 있었다. 당신의 여정에 이것을 시도해 보라. 단어를 쓰고 동그라미를 쳐라. 더 많이 하고 싶은 일을 그려 보라. 색깔로 표현해 보라. 종이에 어떤 그림이 그려질지 아무도 모르며, 놀랄지도 모른다. 이 연습이 끝났을 때, 나는 머리가 한쪽으로 기울여졌고 이렇게 외쳤다. '와, 무엇을 원하는지 확실하지 않다고 말했던 사람이 한 페이지를 가득 채웠구나!'

3. 도움을 청하라

상대는 가장 친한 친구, 신뢰할 수 있는 직장동료나 전문 상담가가 될 수 있다. 솔직히, 여러분이 원하는 것에 대한 명확성을 얻기 위해 도움을 구하는 것은 좋은 방법인데, 원하는 것이 무엇인지 인식한 후에 해야 할 일이다. 특히 자신에게 유익한 일을 요청하는 것은 우리가 일할 때 직면하는 장애물이기 때문에 「8장」에서 전체 장을 할애하고자 한다.

직장에서 즐거움을 마지막으로 느꼈을 때, 즉 몰입하고, 즐겁고, 세상을 바꾸는 데 기여하고 있다는 느낌을 동시에 받았을 때 무엇을 하고 있었는가? 구체적으로 말해보라. 어디에 있었는가? 주위에 누가 있었나? 구체적으로 무엇을 하고 있었나? 이것이 대답하기 어렵다면, 당신은 지금 너무 많은 일을 하고 있을지도 모른다. 모든 일을 처리하기 위해 달리느라 성취감을 가져다주는 순간을 명확하게 보지 못하게 될 수도 있다.

그래서 당신의 가치를 증명하는 장애물을 다룰 필요가 있다.

5장

자립을 넘어
임파워먼트로

여성 개개인들, 여성리더 그룹, 그리고 그 주변 사람들과 이야기하고 일하면서 내가 가장 자주 듣는 말은 우리 여성들이 얼마나 바쁜가이다. 성취하려는 의욕이 넘치고 관리하는 일의 양에 대해 조금도 압박받지 않는다고 말하는 여자를 아직 만나보지 못했다.

해야 할 일의 목록에는 회의를 기획하고, 주도하고 정리하는 것, 늘 있는 업무상 처리해야 하는 일들과 필요한 새로운 프로젝트, SNS 업데이트이 때문에 때로는 더 많은 약속으로 이어짐, 운동, 아니면 온종일 책상이나 저녁 내내 식탁에 앉아있었기 때문에 필요한 최소한의 신체의 움직임, 그리고 좋은 상사가 되기 위해 해야 할 모든 일들, 파트너, 어머니, 가족, 친구, 그리고 반려견 돌봄이 같은 일들이다.

이 장애물의 핵심은, 우리가 시간을 어떻게 그리고 무엇에 투자하는지에 관한 것이다. 이 장애물은 우리가 하는 일들과 우리가 소비하는 에너지의 양이 정말로 우리에게 유익하며 우리 주변 사람들에게 유익한지를 매일 묻는 것이다. 캘리포니아 버클리 대학, 그리고 INSEAD 대학원의 모튼 한센 교수 Morten T. Hansen 가 이끄는 연구는 더 적게 일하는 것이 본질적으로 앞서 나가는 방법이라는 것을 보여준다. 그는 이러한 현상에 대해 최근에 『일 잘하기: 능력자들이 어떻게 더 적게 일하고, 더 잘하며, 더 많은 것을 성취하는가Great at Work: How Top Performers Do Less, Work Better, and Achieve More』라는 저서에 설명한다.

이 장애물에 대해 말할 때 사용하는 비유는 노를 젓는 것이다. 이 장면을 상상해 보라. 당신은 혼자 배 위에 있다. 계속 나아가기 위해 노를 저어야 한다. 자신의 배를 활기 넘치게 노 젓는 것은 고등학교 시절 같은 형성기에 시작되었을지도 모른다. 당신은 학업, 과외 활동, 친구, 그리고 가족을 관리한다. 우아하고 힘차게 노를 젓는 것에 대한 보상을 받고, 배를 젓는 기술을 섬세하게 학습하게 되는 대학으로 진학한다. 어린 시절에 당신은 이따금 배를 뭍으로 끌어다 놓고 밖으로 나와 기지개를 켜며 심지어 '교대' 시간에 놀기도 한다. 아니면 곁에서 자신의 배를 젓고 있는 친구들이 있을 수도 있고, 함께 있고 공통의 그룹과 목적을 갖는 느낌시험을 위해 공부하거나 학교 시위에 참가하는 등은 신나기도 하다. 당신은 더 많은 기회를 얻었기 때문에 당신의 노고와 노력의 결실을 증명한다!

회사에서의 업무, 인간관계에서 오는 더 많은 기대감, 그리고 모성애나 집안의 다른 책임감으로 인해 당신의 삶이 더 복잡해짐에 따라, 당신은 더 열심히 그리고 더 빨리 노를 저어야 한다. 점점 더 많아지는 프로젝트, 업무, 인력 관리 및 집안일에 대해 개인적으로 '중압감'을 느낀다. 더 열심히 더 빨리 노를 젓지 않으면 배가 가라앉을

지도 모른다. 성과에 대한 보상으로 첫 승진을 하게 된다. 그리고 두 번째 승진을 한다. 그리고 당신이 더 이상의 업무를 맡는 것을 상상할 수 없는 때가 온다. 깨어있는 시간의 매분 매초를 가져다 썼다. 이때가 바로 많은 여성이 더 높은 직급의 관리자가 되기 위해 승진하는 것을 포기하는 시기이다.

리더십의 책임과 범위가 확대될 가능성이 있는 그 순간에 여성들이 지칠 대로 지쳐버린 것일까? 우리가 더는 힘차게 빨리 노를 저을 수 없다는 마음을 헤아리게 되는 것일까? 다음 단계의 현실적인 업무량을 봤을 때, 우리 눈에 보이는 것은 더 힘들고 빠른 노 젓기의 삶이기에 암묵적으로 거부하는 것일까? 그동안 우리가 사랑하는 사람들은 우리가 일을 너무 많이 하고 자신을 돌보지 않는 것이 걱정된다는 '피드백'이라는 선물을 우리에게 주고 있었나? 우리가 알고 있는 것은 이곳까지 도달하기 위해 우리가 어떤 일을 해왔는지, 즉 더 많은 노력, 더 많은 시간, 더 많은 개인 개발, 더 많은 시간의 투자를 했다는 것이다. 즉 우리의 가치를 입증하는 것이다.

우리가 가정과 직장에서 쏟는 노력과 일반적으로 '성과 평가 편견'이라고 불리는 편견을 결합하면 당신에게 폭풍이 들이닥칠 것이다. 성과 평가 편견은 다음과 같다. 남성은 자신의 잠재력에 대해, 여성은 지금까지의 성과에 대해 더 많이 평가되는 경향이 있다. 이것에 대해 지쳤지만, 아직 활동 중인 비판적 내면의 목소리가 완전한 반란을 일으키는 모습에 동참해 달라. "이거 농담이지. 한센 교수님, 저도 '선택 수련하기'를 하고 싶다고요! 하지만 세상은 내게 더 많은 일을 하고, 더 많은 것을 성취하고, 더 많은 성과를 내고, 다시 말해 더 열심히, 더 빠르게 노를 젓기를 바라는 것 같아요."

잠시 멈추어라. 비판적 내면의 목소리 자리에 앉으라고 하라. 호흡하라. 호기심을 불러일으켜라. 잠깐만 기다려 봐. 어쩌면, 어쩌면, 내가 모든 일을 직접 하지 않고도 리더로 승진할 방법이 있을지도 몰라. 그렇지 않으면 내가 왜 많은 일을 하고 있을까? 이 장애물을 뛰어넘기 위해 바꿔야 할 일이 무엇일까?

대단히 흥미로운 사실이기도 하고 우리 모두에게 시사적인 것은, 왜 우리가 그렇게 노를 정신없이 젓고 있는지, 그리고 어떻게 그것에 대처할 것인가 하는 것이다. 내가 알게 된 사실은, 우리의 가치를 표현하고자, 혹은 증명하고자 하는 소망에서 비롯된다. 우리는 통제하는 것을 좋아하고, 일이 잘 마무리되었을 때 기분이 좋고, 모든 것이 계획된 대로 처리되었을 때가 좋고, 일이 우리 방식으로 처리되는 것을 좋아한다. 이 모두가 우리가 직접 관리해야 하거나 개인적인 노력을 필요로 한다. 우리는 "내가 해줄게. 나만 믿어"라고 말하는 것을 좋아한다. 우리는 남을 돕는 것을 좋아한다. 우리는 가치 있다고 느끼고 또 기여하고 싶어한다.

마셜 골드스미스는 전 세계적인 베스트셀러인 『일 잘하는 당신이 성공을 못 하는 비밀 What Got You Here, Won't Get You There』에서 책 제목을 역사상, 특히 여성들을 위한 가장 영향력 있는 코칭 개념으로 만들었다. 여성들은 자신들이 무엇을 하고 있는지, 얼마나 많은 일을 하고 있는지, 그리고 전문성을 개발하고 싶다면 궁극적으로 얼마나 열심히 노를 저어야 하는지 근본적으로 재고할 필요가 있다. 여기까지 오게 한 노력열심히 완벽하게 타이밍을 맞추고 능숙하게 노를 젓는 것만으로는 우리를 다음 목적지까지 데려다주지는 못할 것이다. 우리는 점점 지쳐갈 뿐만 아니라, 너무 빨리 노를 젓는 바람에 만들어진 파도로 주변의 사람들을 본의 아니게 소외시키고 있다. 너무 바쁘게 모든 일을 직접 하느라 우리를 기꺼이 진심으로 도와주려는 손길을 간과한다.

모든 숨겨진 장애물과 마찬가지로, 당신의 가치를 증명하는 과정에서 장애물을 만났다고 해서 우리가 자신이나 다른 사람들을 비난하거나 욕되게 할 필요는 없다. 우리는 가정생활과 직장에서 지지를 받고 있으며, 격려와 공식적인 칭찬을 듣고, 때로는 조금 더 많은 성과를 요구받는다. 여성들은 이 모든 걸 잘 해내고 있다. 우리는 이러한 행동에 대한 보상을 받았다. 우리는 어느 정도 우리가 가치 있다고 느끼는 중요성에 대해서도 알고 있다. 하지만 그것은 다른 사람에겐 분명해도 우리에게는 숨겨져 있을지도 모른다는 현실에 직면하고 있다.

◇ 데이터는 거짓말하지 않는다

Linkage 여성리더십 진단에서 숨겨진 장애물인 우리의 가치 증명하기에 대해 여성들과 그들의 평가자 그룹에 던지는 질문은 다음과 같다. "그녀는 스스로 모든 것을 하려고 노력하기보다 다른 사람들을 참여시키고, 영감을 주고, 교육하는 데 더 많은 시간을 투입하는가?"

5점 만점으로 5점이 가장 높은 점수에서 1=거의 그렇지 않다, 2=가끔 그렇다, 3=종종 그렇다, 4=매우 빈번하게 그렇다, 5=거의 항상 그렇다 여성들은 이 질문에 대해 평균 3.05로 자신을 가장 낮게 평가했으며, 평가자들도 이 질문의 평가에서 3.57이라는 가장 낮은 점수를 주었다. 긍정적인 단어를 사용한 일련의 행동들이 꽤 좋은 것이라는 것에 대해 나와 Linkage 동료 중 누구도 부정할 이유가 없다. 이 점수를 다른 평가의 점수와 비교했을 때, 우리 눈에 띄는 것은 승진을 가로막는, 보이는 장애물이다. 당신의 가치를 증명하는 것은 다른 장애물보다 우리 자신이나 다른 사람들에게 훨씬 더 명확하다. 물론 우리가 그것을 인정할 준비가 되었을 때이다.

본질적으로 이 질문은 우리가 이 장애물을 뛰어넘기 위한 해결책으로 활용되었다. 여성들이 다른 사람들을 참여시키고, 영감을 주고, 준비시키는데 더 많은 시간을 쓸 필요가 있으며, 상대적으로 모든 것을 직접 하려고 노력하는 시간은 줄어야 한다는 결론을 내리는 데 도움이 되었다. 좋은 소식은 우리가 혼자가 아니라는 것이다. 전 세계 어디서나 여성들이 많은 일을 하는 것이 현상이라고 생각하라. 우리가 스스로 상처를 입히고 있는 영원한 횡포라는 것을 인정하자. 너무 빨리 노를 젓고 있다는 사실에 대해 부끄럽게 생각하기 전에, 당신은 아마도 이미 주변에 있는 사람들을 참여시키고, 영감을 주고, 교육하고 있었을 것이다. 다만 임원진에서 성 평등을 이루기 위해서 당신이 할 수 있는, 그리고 솔직히 필요로 하는 만큼은 하고 있지 않다는 뜻이다. 또한 당신이 여전히 너무 많은 일을 하고 있다는 것을 의미한다.

■ 사례연구
미쉘 웹(Michelle Webb), TEK Systems, 너무 많은 일을 하는 것

미쉘 웹은 미국 최고의 기술 인력 및 서비스 회사이자 포춘지의 '가장 일하기 좋은 100대 기업'의 임원이다. 그녀는 TEK에서 22년 동안 일했고, 현재 직원 경력개발을 지원하고 있다. 오랫동안 영업부서에서 일한 후에, 미쉘은 회사의 변화를 일으킨 다양성과 포용력을 가진 문화를 만들었다.

"나에게 완벽은 제일 중요한 부분이다. 나는 많은 사람처럼 완벽주의로부터 회복 중이다. 완벽하지 않아도 괜찮다고 생각하려고 노력 중이다. 나는 많은 사람들처럼 행동주의자인데 정말 많이 노력해야 했다. 모두를 위해 모든 것을 하려고 했기 때문에 좋은 결정을 내리지 못했고 항상 지쳐 있었다. 모든 곳에 참석할 수 없어서 마음이 아팠다. 내가 주변 사람들을 믿지 못하고 업무를 위임하지 않았기 때문에 그들은 소외당했다고 느꼈고 그들에게 의도하지 않게 상처를 주고 있었다. 그것은 이유가 있는 장애물이다.

나는 사람들이 스스로 배우고 성장하고 참여할 수 있도록 지원하고 있다. 이제 나는 일을 마치는 것에 가치를 두기보다 내가 있어야 할 장소에서 시간을 보내는 것이 더 가치가 있다는 것을 알게 되었다. '내가 주변의 사람들에게 권한을 주는가?'라고 자문한다. 이것은 엄청난 변화다. 당신의 가치를 증명하는 것은 여성들이 나에게 '나는 전부 할 수 없다. 당신은 어떻게 다 하는지 모르겠다'라고 말하는 가장 큰 요인 중 하나이다.

오늘날에 나는 이 장애물을 감시하고 있어서, 주변 사람에게 힘을 실어주고 있다. 나는 회사에서 임원들의 신임을 받고 있었고 자신감 있고 능력 있는 사람으로 평가받고 있었지만, 정말로 나를 믿기 시작하고 기여하는 가치에 대해 목소리를 내기 시작했을 때, 내가 들은 말에 당황했다. '미쉘은 경력에 집중하는 경향이 있다. 너무 자신에게 집중한다.' 내 걱정을 해 주는 남자 동료들이 이런 이야기를 전해주었다. 고맙게도 많은 사람이 나 대신 항변해 주었다. '미쉘이 다섯 식구를 부양한다는 것을 알고 있습니까? 자신의 역량에 걸맞은 역할에 집중하는 것이 뭐가 문제입니까? 남성한테도 그렇게 얘기하시겠습니까? 아마 아니겠지요.' 나를 후원해 주는 사람들은 내가 승진하는 데 매우 중요한 역할을 해줬다. 그들이 나를 지원해 주는 동안 자신을 더 잘 관리하기 위한 여정을 계속했다."

"2011년 이전에는 전업으로 일했고 집안일의 매니저 겸 집안 대표로서 3명의 어린 자녀와 함께했다. 아이들을 위한 보모가 있었지만, 그 보모도 내가 관리했다. 나는 내가 원하는 것에 대해 직설적이고 명확하게 말한다. 남편이 다발성 경화증 진단을 받고 더는 일을 할 수 없게 되어 남편이 집안일과 아이들을 맡게 되었다. 그에게 이 새로운 일을 맡기는 데는 3년간의 투쟁의 시간을 보내야 했다. 왜 내 방식대로 안 하는 거지? 그가 어떤 방식으로 일해야 할지에 대해 많은 생각을 하고 있었고, 그가 우리 삶의 일부분에 영향을 미치는 것을 허락하지 않고 있었다. '잘하는 것이 아무것도 없다는 것'은 그에게 좌절감을 줬을 뿐만 아니라, 그의 질병을 관리하는 일도 힘들게 하였다. 나는 그가 하는 모든 일에 대해 질책하고 있었다. 서로에게 불편한 시간이었다.

현재는 내가 출근을 하고 남편은 집안일을 맡고, 우리는 서로에 대해 신뢰한다. 내 방식대로 고집했던 집안일을 포기하고 나니, 내 일에 완전히 전념할 수 있었다. 당시에 나는 몹시 지쳐 있었고 아무에게도 도움이 되지 않았다.

내 가치를 증명하고 너무 많은 일을 하는 것은, 내 방식대로 일을 처리하고 싶은 욕구와 완벽함에 대한 높은 기대감으로 강화되어, 나에게 있어서 인생을 바꾸는 데 있어 장애물이 되었다. 반대편에 서보니 누군가에 의지하는 것이 매우 편안하다. 내가 만든 변화들, 즉, 내가 원하는 방식으로 모든 일을 하는 것을 포기하고 도움을 요청함으로써 다른 사람들은 자신이 기여하는 것에 대해 큰 기쁨을 느끼게 된다. 모든 사람의 상황은 다 다르겠지만, 이 장애물을 뛰어넘는 것이 집과 직장에 있는 사람들을 돌보는 것일 때 훨씬 더 쉽고, 더 긍정적이고, 의도적이다."

◇ 완벽함을 충분함의 적으로 삼지 말라

완벽주의가 어떻게 부정적인 행동을 강화하는지 살펴보자. 많은 경우 여성 리더에게서 두 가지 형태의 완벽주의를 본다. 첫 번째는, 몇 년 동안 기술을 연마한 뒤에 자신의 업무 성과가 다른 사람들보다 더 낫다고 믿는 것이다. 때로는 더 낫기도 하다. 완벽주의의 첫 번째 형태는 아마도 자신감에 차 있는 곳으로부터 나오지만, 대개는 내 결과물은 다른 사람 것보다 더 낫다는 다른 사람을 얕보는 독선적인 냉소로 나타난다.

완벽주의가 작용하는 두 번째 방법은 무엇인가를 알지 못한다는 사실을 '들키기' 싫어하거나 '모두' 갖고 있지 않을 때 부끄럽다고 생각하는 것으로부터 나온다. 예를 들면 '사람들이 내가 충분히 잘한다는 것을 알았으면 좋겠어'라는 생각이다. 완벽주의의 두 가지 형태는 공통점이 있는데, 그것은 완벽하게 일을 처리하기를 원하는 매우 자신감 있는 여성들 혹은 자신이 없는 여성들이 모든 일이 잘 돌아 가는지 확인하려 하는 데 있다. 이런 행동은 그들의 주변 사람들의 역할을 축소하는 것이다. 만약 비판적 내면의 목소리가 자신을 겨냥 하고 공격할 준비가 되어 있다면 확실히 하자. 우수한 성과를 기대 하는 생각 자체는 아무 문제가 없다. 일반적으로 그래야만 할 것이 다. 우리는 회사 안팎에서 이해당사자들에게 신뢰받을 수 있는 우수 한 성과를 제공해야 한다. 얘기하고자 하는 것은 '우수한 결과나 성 과를 위한 바람'에 지나치게 집착하는 것이다.

만약 당신이 완벽주의자라는 말을 들은 적이 있다면, '우수함'에 대한 필요가 과도할 가능성이 있다. 또한, 주변의 사람들에게 영감 을 주거나 관심을 가지는 것보다 '우수함'을 우선시했을 가능성이 크 다. 당신은 이 패턴을 바꿀 수 있다.

여성리더십 아카데미에서, 우선 장애물이 무엇인지 이리저리 살펴 본 다음에, 소매를 걷어붙이고 완벽주의와 씨름한다. 최근에 금융 서비스 회사의 고위직 여성들과 완벽주의와 그것이 어떻게 우리로 하여금 계속 부정적 영향을 미치게 하는지에 대해 함께 토론하였다. 한 여성이 손을 들고 다음과 같은 이야기를 했다.

"당시에는 이런 부분을 깨닫지 못했지만, 최근에 임원들에게 보 고할 프레젠테이션 작업을 직원에게 위임한 적이 있다. 그 직원에게 는 자료를 수집하고 슬라이드를 만드는 데 2주간의 시간이 있었다. 임원들에게 보고하기 전날, 그 직원으로부터 파워포인트 슬라이드를 전달받았다. 보고 내용의 수준을 보고 놀랐고, 내가 생각했던 만큼의 높은 수준이 아니었다. 밤새워 프레젠테이션을 고친 결과 내용도 보기 좋았고, 전체적인 흐름도 좋아졌다. 돌이켜보면, 그 프레젠테이션 문서는 충분히 잘 만들었다. 85% 정도의 수준이었는데 나는 100%를 원했던 것이다. 밤을 새운 덕분에 나도 피곤했지만, 팀원의 가치와 기여도 역시 떨어졌다."

이어서 우리가 이야기한 것은 그녀가 예전으로 돌아간다면 어떻게 했을 것인가였다. 그녀는 해결책을 직접 제시했다.

"그 프로젝트의 진행 상황을 중간중간 들여다보고, 내 생각과 조언을 공유했을 것이다. 하지만 나는 그렇게 하지 않고 마지막 순간에서야 뚜껑을 열어봤고 그 결과 그녀와 나에게 차선책의 결과를 초래했다. 업무를 위임한 뒤에 직원에게 영감을 주거나 중간과정에서 조언을 제대로 해주지 못했다."

사실, 이런 일은 너무도 흔하게 일어나고 있어서 나는 그런 경우를 '떨어트리고 도망가기drop and run'라고 부른다. 즉, 비행기 타고 가는 출장 중에 위임하고, 떨어질 도로에 범퍼도 없고, 어떤 결과가 나올지에 대한 확인도 안 해주며, 리더로서 원하는 결과물에 대해 최소한의 지도도 해주지 주지 않는 것이다. '떨어트리고 도망가기'와 미세관리 사이에는 작은 차이가 있다. 마지막으로 확인한 바로는, 대부분의 사람은 둘 다 좋아하지 않는다는 사실이다. 우리는 일을 완수할 수 있는 능력에 대해 신뢰받는 동시에 충분히 지도받기를 원한다. 이 방법은 어떤 상사에게도 쉽지 않지만, 완벽주의자들에게는 더 어렵기만 하다.

◇ 시간은 파는 것이 아니다

자신의 완벽주의와 싸우려면, 먼저 시간 활용에 대해 점검을 해보는 것이 좋다. 우선 백지나 아무 종이를 꺼내어 조용한 곳에서 현재 작업 중인 프로젝트에 대해 생각해 보라. 나는 모든 일은 프로젝트 작업이라는 경영학의 대가인 톰 피터스 Tom Peters 의 주장을 따르고 있다. 휴가를 계획하는 것도, 회의를 준비하는 것도, 블로그를 작성하는 것, 동료와 대화하기 위해 날짜를 정하고 준비하는 것들이 전부 일종의 프로젝트다. 이것은 당신이 할 일의 목록을 위한 프로젝트다. 시간과 노력을 필요로 하는 모든 일을 떠올려보라. 최대한 많이 적고, 일에만 국한시키지 말아라. 왜냐하면 당신은 혼자 다방면에서 많은 일들을 하고 있기 때문이다. 그다음에 작성한 전체 목록에서 두 개의 열을 만들고 첫 번째 열은 긴급한 프로젝트 당장 들여다봐야 하고, 하루 이틀 뒤에 완료해야 함 그리고 두 번째 열은 중요한 프로젝트 관심 있게 지켜봐야 하지만 당장 오늘이나 이번 주까지 마감해야 하는 것은 아님를 나열한다.

처음에 나열한 목록 중에 긴급하거나 중요한 열로 올라가지 않는 프로젝트가 있다면, 세 번째 목록 '내가 신경 쓸 필요가 없고, 다른 사람이 100% 할 수 있는, 혹은 가만히 놔둬도 되는 프로젝트'로 분류하라. 이번 주에 나에게 해당하는 내용은, 우리 집 반려견의 면허증을 갱신하는 것이다. 내 보모가 그 일을 해줄 수 있다. 이것은 당신의 배가 바다 밑바닥으로 가라앉지 않게 하려고 배에 있는 무엇인가를 밖으로 던지는 것과 같으며, 다른 사람의 업무가 너무 가중되지 않는 한, 짐을 나눠 가지게 하는 것이다.

이제 모든 프로젝트를 들여다보면서, 긴급하거나 중요한 목록에서 스트레스를 유발하는 일을 골라보라. 아래 편지를 쓰고 약속을 이행할 수 있도록 누군가와 공유해라.

이 편지를 읽는 귀하에게,

나, ..., 은/는 앞으로 있을
.... 때 완벽하지 않아도 된다는 것을
내 자신에게 허락합니다.
나의 관심과 노력이 필요한 곳은
.... 입니다.
완벽하지 않지만 잘하는 것은
.... 입니다.
다른 사람이 해 줄 수 있는 일은
.... 입니다.
그것이 의미하는 바는
.... 입니다.

서명 ....
날짜 ....

완벽주의와 싸우는 것은 우리가 자극어머나, 이것은 내가 좀 더 들여다보고 손 봐야 하네! 과 반응여기에 관심과 시간을 투자해야 한다. 그렇지 않으면… 사이에서 잠시 멈추는 것이다. 천천히 숨을 쉬면서 이 정도면 '적당한' 수준인지 평가하기 위해 잠시 시간을 가질 필요가 있다.

돌아가는 상황을 모두 다 알 필요는 없다. 최근에 또 다른 여성 리더십 워크숍에서, 참가자 중 한 명은 자신에게 보고하는 모든 사람과 프로젝트의 상황을 알 필요가 있다고 깊이 믿고 있었기 때문에 '놓아버리기'를 하고 싶지 않다고 인정했다. 이것이 완벽주의의 모습이다. 그것은 책임감을 느끼고, 무슨 일이 일어나고 있는지 숙지하고 있는 것처럼 보이고 싶고, 어떤 순간에도 개입하여 도울 수 있는 것으로 보이기를 바라는 데서 온다. 중간 관리자로서 업무 상황에 대해 모르는 것은 그 업무 수행에 실패하는 것과 같은 의미이다. 그녀에게는 여러 부하직원이 있었고 그들은 또 여러 사람을 관리하고 있었기 때문에 그 누구도 그녀가 관리자로서 모든 팀원이 하는 일을 알아야 한다고 생각하지 않았다. 그녀는 도대체 어떻게 대규모 팀의 모든 작업 결과물에 대해 관리가 가능했을까?

그녀는 정말로 혼란스러워 보였고 심지어 이 문제를 더 논의하기를 꺼렸지만, '모든 것을 알아야 한다'는 관점이 직장에서 뿐만이 아니라 가정에서도 문제가 되기 시작했다는 것을 깨닫게 되었다. 최근 360도 다면 진단에서 그녀가 받은 피드백 내용 중에 "통제가 심하고", "위임할 필요가 있다"는 것이 있었는데, 그 의견들이 계속 머리에 떠올랐다. 나는 그녀에게 간단한 질문을 했다. "200명 이상의 부서를 책임지고 있는 당신의 상사는 부서 사람들이 하는 모든 일에 대해 전부 알고 있습니까?" 그녀는 잠시 멍한 표정으로 나를 쳐다보더니, "아니요!"라고 웃으면서 대답했다. 나는 계속 질문했다. "그가 알고 싶은 일이 생길 때 어떻게 하나요?" 그녀는 나를 쳐다보며 이렇게 대답했다. "아래 직원에게 보고받거나 해결책이 있는지 물어보죠." 이 순간 그녀는 갑자기 뭔가 번쩍하는 느낌이 드는 것 같았고, 다른 사람들도 그것을 목격했다. 그녀는 일행에게 이렇게 말했다. "상사가 하는 모든 질문에 내가 답을 바로 알고 있어야 한다고 생각했어요. 혹시라도 대답을 못 하면 내 일을 제대로 하고 있지 않다고 생각할까 봐 두려웠거든요. 즉석에서 답을 모를 때는 알아보고 난 뒤에 다시 보고하겠다고 말해도 괜찮다는 생각을 왜 진작 못 했을까요!"

◇ 머무는 곳은 어디인가?

나는 내 방식대로 일을 처리하는 게 좋다. 나는 통제라는 단어가 별로 좋게 들리지 않고 비난하는 것처럼 들려서 마음에 들지 않는다. 누가 만사를 자기 뜻대로만 하고 싶어 하는 사람통제광으로 불리고 싶어 할까? 나의 경우 완벽함이 문제가 아니라, 내가 너무 많은 일을 하게 되는 것은 주로 나 혼잣말을 통해서 가속된다. "내가 원하는 게 어떤 것인지 아니까 그냥 내가 하는 것이 더 빠를 거야." 아니면, '서비스 지향적'이 아니라서 좀 못되게 들릴 수도 있지만, 이렇게 말한다. "어떻게 하는지 알고 있고, 방법도 내가 알고 있어." 통제권을 가지려는 목소리 중에 그나마 가장 겸손한 목소리는 다음과 같다. "나는 다른 사람들에게 부담을 주고 싶지 않아." 나는 물론이고, 함께 일하고 지도해 온 많은 여성이 종종 직접 자신이 하려고 즉각적인 반응을 보이는 이유는 바로 시간 때문이다.

솔직히 말해서 무엇을 어떻게 해야 하는지 설명하는 것이 어떤 경우에는 그냥 내가 직접 하는 것보다 시간이 더 많이 걸릴 때가 있다. 그래서 결국 챗바퀴 돌듯 '너무 많은 일'을 계속하게 되는 악순환이 반복되는 것이다.

지나치게 자립심이 강하다 보면 다른 사람들에게 영감을 주거나 참여의 기회를 박탈하게 된다. 말 그대로, 다른 사람들을 제외하는 것이다. 다른 사람들을 교육하고, 영감을 주고, 참여시키려면 그들에게 일을 맡기고, 그들이 훌륭하게 일을 처리할 것이라고 믿어야 한다. 나는 이 장애물이 내가 리더로 거듭나는데 그리고, 궁극적으로 나의 영향력을 극대화하는 데 방해가 될 것을 알고 있었다.

◇ 다른 사람들을 참여시키고, 영감을 주고, 권한을 줘라

리즈 와이즈먼 Liz Wiseman 을 소개하겠다. 리즈는 연구자, 연설가이자 뉴욕 타임즈 베스트셀러인 『멀티플라이어 Multipliers: How the Best Leaders Make Everyone Smarter』의 저자이다. 이 책에서, 와이즈먼과 공동저자인 그렉 맥커운 Greg McKeown 은 다양한 유형의 리더들을 살펴보고 두 종류의 리더, 디미니셔 Diminisher 와 멀티플라이어 Multiplier 를 설명한다. 멀티플라이어는 직원들의 성장과 창의성을 장려하는 리더인 반면에 디미니셔는 직원들의 생산성을 밑바닥으로 끌어내리고 방해하는 리더들이다.

리즈와 그렉에 의하면 '멀티플라이어'는 사람들의 내면의 지성을 끌어내고 높은 수준으로 기여하여 성과를 낼 수 있게 하는 사람들이다. 그들은 주변 사람들의 지식과 능력을 증폭시킨다. 이와는 대조적으로, '디미니셔'는 다른 사람들을 억누르고 그들 주변의 지성, 에너지, 능력을 고갈시킨다.

리즈의 연구에 대해 더 많이 알게 되면서 분명해진 것은, 우리 여성들이 지나치게 열심히 노를 젓거나 우리의 가치를 증명하려고 할 때 지나치게 열심히 노를 젓는 것에서 오는 우리의 신체, 시간, 에너지, 정신적인 영향력은 제쳐두고 일어나는 불행한 일은, 의도하지 않게 주변 사람들을 억누른다는 것이다. 내가 그랬고, 여전히 가끔 그런 행동을 한다. 솔직히 말해서, 이 모든 것은 내가 속한 조직에 기여하고 가치를 더하고 싶어 하는 마음에서 나온 것이다. 다른 사람들을 의도적으로 억누르거나 내 주위의 누군가의 지성, 에너지, 능력을 고갈시키려고 한 적이 한 번도 없다.

오히려 그 반대로, 나 자신이 매우 진취적이고 매력적인 리더라고 생각했다. 내가 미치는 영향력에 대해 교정적인 피드백을 받았을 때 그 생각은 깨졌다. 그날은 온종일 상담을 마친 뒤 동료와 함께 로스

앤젤레스의 해산물 레스토랑에서 간단한 저녁 식사를 하고 있을 때였다. 우리는 와인을 홀짝홀짝 마시며 성공적으로 고객과 함께 일한 내용을 얘기하는 중에 동료가 이렇게 말했다. "당신에게 피드백을 좀 드려도 될까요?" 그 순간 만약 비디오카메라로 이 장면을 찍었다면 다음과 같은 내용일 것이다. 나는 눈이 커지고 약간 어색하지만 환하게 웃으며 이렇게 말한다. "아, 네, 좋아요! 당신의 피드백을 듣고 싶어요." 아직도 기억나는데, 내 마음속에서는 이런 생각이 떠올랐다. '제발, 지금 기분 좋은데 피드백은 사양하겠어.'

그 뒤에 나눈 대화는 리더로서 나에게 전환점이 되었고, 가치를 증명하려고 하는 것이 주변 사람들에게 어떤 영향을 미치는지 효과적으로 검증해 주었다. 그 운명적인 밤에 동료가 해 준 피드백은 다음과 같았다.

"사무실에 있는 몇몇 사람들이 당신을 무서워한다는 사실을 아세요? 당신은 너무 진지하고 요구사항이 많아서, 사람들이 당신과 일하고 싶어 하지 않아요."

이런 비슷한 내용이었던 것 같았는데 아무튼 나는 충격을 받았다. 만약 이후의 장면을 비디오로 재생한다면, 다음과 같은 모습이었을 것이다. 나는 질문을 했고, 내가 제대로 이해했는지 확인하고 인정했고, 피드백해 준 것에 감사했고, 의도하지 않은 영향에 대해 사과했으며, 내가 어떻게 고칠 수 있는지, 다른 사람들과의 관계를 어떻게 회복할 수 있는지 조언을 구했다. 카메라가 보지 못한 면은 곧 전투에 임할 준비를 하는 나의 비판적 내면의 목소리였다.

어려운 내용의 피드백에 대해 전반적으로 우호적인 반응을 보이면서 고개를 끄덕이고, 또 질문하면서 내 머릿속에는 이런 대화가 이어졌다. 설마, 지금 말하는 건 농담이겠지. 아무도 손대고 싶어 하지 않는 사업에 전략적 변화를 가져왔다고. 리더십 팀은 우리가 이 사업을 하는 이유와 방법에 대해 의견 조율을 하지 못하고 있는 상황에서, 내가 나서서 명확하게 정리하는 것을 도와주었어. 다들 반대했지만 대담하게 방향을 바꾸기도 했어. 게다가, 내가 마감일을 지키지 못했다면, 우리는 첫 제품 출시 시기를 놓쳤을 거야!

그러고 나서 내가 한 일은 다른 사람들을 코칭 하는 것이었다. 나의 비판적 내면의 목소리, 내 마음속의 방어적인 대화, 그 모든 것에 대한 분노와 좌절을 인식한 후에 정지 버튼을 눌렀다. 비판적 내면의 목소리가 너무 빨리 말을 해서 어지러웠고, 잠시 앉아서 멈추게 만든 기억이 떠올랐다. 그것은 나의 첫 번째 기조연설 때 나를 소개했던 동료에 대한 기억이었고, 처음으로 나의 내면의 목소리를 연기했던 기억이었다. 동료가 청중들에게 소개한 좋은 얘기 중에서, 나를 '자연의 힘'이라고 불렀다. 이 말을 듣고, 속으로 전적으로 동의했던 것을 기억한다. '그래, 그게 바로 나야! 무슨 일을 시켜도 나는 해 낼 수 있어!' 이 기조연설 소개를 들으면서 생각하지 못했던 것은, 오랫동안 믿고 있었지만 내가 미치는 영향력에 적용하지 못한 것이 있었다. 그 깨달음은 바로 빛이 있는 곳에는 그림자도 있다는 것이었다.

그날 저녁 동료와 저녁 식사를 마친 뒤 호텔 방으로 돌아와서 '자연의 힘'을 검색하고 이미지를 클릭했다. 내가 본 것은 토네이도, 쓰나미, 지진, 눈보라 같은 무서운 폭풍의 힘을 묘사한 자연의 힘이었다. 나는 의자에 주저앉아 그 사진들을 응시했다. 세상에, 나와 일하는 것이 이렇게 극단적인 환경에서 일하는 것과 같을 수 있겠구나. 내가 정말 스트레스를 받고 일을 끝내려고 할 때, 일진이 안 좋은 날에는 폭풍의 핵 같았다. 그때 악천후 속에 제대로 자리 잡지 못한 동료들이 '나'라는 폭풍에 휩쓸려 가지 않고 살아남기 위해 필사적으로 매달리는 허상들을 보았다.

이것은 다른 사람들을 참여시키고, 영감을 주며, 교육하는 필승 전략이 아니다. 그때 깨달은 것은, 바쁜 속도를 늦추고, 말을 천천히 하고, 행동을 늦추고, 강도를 조절할 필요가 있다는 것이다. 그렇지 않으면 따르는 사람이 없는, 혼자 산책하는 '리더'가 될 것이다. 좋은 소식은 내가 피드백의 가치를 느끼고, 반대 의견을 가진 사람들을 코칭하고, 미치는 영향력을 스스로 바꿀 수 있는 능력을 갖췄다는 것이다. 가족이나 함께 일했던 동료들에게 내가 아직도 이 모든 것에 완벽하지 않다는 것을 기꺼이 공유할 것이다.

좋은 의도로 행동하지만, 그럼에도 불구하고 미치는 영향은 의도한 대로 되지 않을 때가 있다. 그것은 대부분 내가 옳다는 것을 증명하거나 아니면 일을 마무리하기 위해 누군가를 밀어붙이기 때문이다. 왜냐하면, 여전히 지나치게 열심히 노를 젓고 있고 빠르게 회복 중이기 때문이다.

◇ 비상사태! 편안한 공감센터가 필요하다

꽤 힘든 피드백을 받고 나서 자신뿐만 아니라 주위의 사람들을 위해서라도 연민의 장소로 돌아가야 했다. 자각으로 인해 지금 이 극심한 순간들을 느끼고 있다. "인간은 위대하다. 우리의 부족함을 짊어지고 갈 수 있어서."라고 말한 한 친한 친구의 말에 많은 의미가 담겨 있다. 하지만 리더로서 너무 많을 일을 하고 가치를 증명하기 위해 차원이 다른 비용을 지불하고 있다. 확실한 것은, 언쟁하게 되는 주변의 사람들에게 심적 갈등의 파문을 일으킨다는 것이다.

한 여성 최고경영자는 리더들에게 "작업 흐름을 해독하라"고 가르친다. 그녀의 연구 조사에 의하면 80%의 조직이 자신들의 직원들이 정보와 업무에 압도되고 있다고 믿고 있지만 오직 8%만이 그 문제에 대처하는 교육 프로그램이 있다. 그녀는 환원주의적 사고방식 Reductive Mindset 이라고 알려진 방법을 해결책으로 제안하고 있다. 그것은 가장 중요한 일을 할 수 있는 시간을 만들기 위해 불필요한 것을 포기하고 벗어나는 사고방식을 의미한다.

사람들이 자신의 가치를 증명하려고 하고, 그것을 위해 뭔가를 하려고 하는 것은 좋은 일이라고 생각한다. 아마도 그들은 가치를 증명하기에 너무 분주할 가능성이 크다.

◇ **영향력에 대한 관심의 중요성**

최근의 코칭 과제들을 다루면서 리더가 어떻게 다른 사람들의 신뢰와 존경을 잃게 되는지에 대해 많은 생각을 하게 되었다. 다음과 같은 질문을 스스로 하였다. 리더들은 진심으로 다른 사람들을 배려하는가? 그것이 어떻게 나타나는가? 그 마음이 어떻게 표현되었는가? 그들은 업무를 진행하기에 너무 바빠서 재능 있는 직원들과 관계를 구축하지 않고 있는가?

배려에 대한 내 생각은 다음과 같다. 배려는 다른 사람에게 '민감'하거나 예민하거나, 왕따시키지 않는 행동이 전부가 아니다. 그것은 자신의 가치를 증명하는 데 집착하지 않도록 해 주기 때문에 다른 사람들에게 관심을 기울일 수 있는 시간과 에너지를 자유롭게 해 준다.

몇몇 리더들은 자신들이 능력 있고, 자신의 가치가 매우 소중하다는 것을 온 세상에 증명해 보이고 싶어 한다. 뻔한 얘기지만, 모두 알고 있듯이 그것은 100% 리더 자신에 관한 이야기다.

다양한 리더들과 함께 일하고, 코칭 하고, 학습해 본 결과, 리더들이 가장 빨리 신뢰를 잃는 경우는 직접적인 거짓말, 반복되는 잘못된 결정, 또는 심각한 태만의 경우를 제외하고 다른 사람들을 배려하는 데 있어서 이타심의 수준이 진실하지 않고 일관성이 결여되었을 때이다.

리더가 진정으로 당신을 아낀다는 믿음을 깨뜨리는 예로는 다음과 같은 것들이다. 리더가 거만한 말투로 대부분 자신이 옳다고 믿고, 회의를 장악하는 경우, 다른 사람의 관점으로 진정한 호기심을 표현하지 않는 경우, 다른 사람의 공로에 대해 칭찬을 하지 않는 경우, 주변 사람들에게 미치는 영향에 대해 인식하지 않고 관심조차 없는 경우, 공로를 다른 사람들과 나누지 않고 과거의 성공을 본인의 업적으로만 주장하는 경우 등등이다. 믿기 어렵겠지만 모두 실제 상황들이다.

이것을 '감성지능'이라고 부르는데, 다른 사람들에 대한 진정한 연민과 인식에 그리고 보살핌에 뿌리를 두고 있다.

리더가 관심을 둔다는 신뢰성은 반드시 큰 행위에서 나오는 것이 아니라, 그때그때 타인에게 베푸는 너그러움과 친절한 작은 행동에서 드러난다. 남을 배려하는 리더들은 다음과 같은 것은 특징이 있다. 배려심이 있는 리더는 사람들이 같이 일하고 싶다는 생각이 들게 하고, 그것은 리더의 직급이나 직함 때문이 아니다. 그들은 그 리더와 일할 때 자신의 능력과 자신이 미치는 영향력을 믿게 된다. 많은 경우, 리더들이 호기심을 가지고, 경청하고, 박수치고, 격려했기 때문이다.

완벽한 사람은 아무도 없다. 자신의 가치를 증명하기 위해 열심히 노를 저으면서 일관되게 타인을 배려하는 것은 정말 어렵다. 리더들은 매일 힘든 결정을 해야 하는데 종종 모든 사람을 기쁘게 할 수는 없다. 배려한다는 것은 위험을 감수해야 하기도 한다. 특히 배려해야 할 직원이 적합하지 않은 자리에 있거나 기분 나쁜 말을 해야 할 때이다. 해고하는 것이 극단적인 예이고, 나쁜 소식을 전달하는 것은 가끔 있을 뿐이지만, 발전적인 피드백은 종종 있을 수 있다.

마지막으로, 리더들도 인간이고 그들의 노력에 대해 인정받기를 원한다. 그래서 배려라는 단순한 개념이 좀 복잡하기도 한 것이다.

많은 사람이 그들의 리더에 대해 대항하는 대신에 포기하는 이유는 이렇다. 리더들이 제일 중요하게 생각하는 것은 자신의 능력을 증명하는 것이라는 믿음 때문이다. 리더가 사업의 목적에 대한 비전에 다른 사람들을 동참시켜 결과적으로 사람들의 마음을 얻고 그들이 더 노력하도록 영감을 주는 데 실패한 것이다. 비전에 다른 사람을 동참시키려면 따르는 사람의 사명과 연결되거나 마음에 공감을 불러일으켜야 한다. 사람들에게 영감을 주거나 배려를 하지 않으면 따르는 사람들은 리더가 무능하거나 잘못된 판단을 한다고 인식하며 더는 신뢰를 하지 않는다.

그렇다고 리더가 필요한 순간에 사람들의 지지를 얻거나, 그들이 믿는 사람이나 신념을 정당하게 지지할 수 없다거나, 취약한 모습에 빠지면 안 된다는 의미는 아니다. 하지만 이러한 것들이 규칙이 아닌 예외사항이 되어 버리면, 대부분의 추종자는 결국 리더를 떠난다.

스스로 '이 리더는 따를 가치가 있는 리더인가?'라는 질문을 할 필요가 있다. 그 대답은 남을 배려하는 마음을 표현하는 것에서 찾을 수 있을 것 같다. 우리는 종종 다른 사람들을 위해 좋은 의도를 가지고 일하면서 우리의 가치를 증명하느라 바쁘다 보니 배려라는 버스를 놓치기 쉽다.

◇ **자립을 넘어 권한을 부여하라**

이 장애물을 뛰어넘기 위해 할 수 있는 가장 좋은 방법은, 이 장에서 언급되거나 몇몇 전문가의 지식에 기반한 몇 가지 반사적인 질문이다. 각각의 질문에 사용할 수 있는 실용적인 연습도 있다.

Q 완벽함을 충분함의 적으로 두고 있는가? 만약 그렇다면, 어느 면에서 그런 것인가? 그리고 그 이유는?

A 당신의 완벽한 기준에 부합하지 않는 한 가지 일을 해보라. 그런 다음 상황을 지켜본다. 그리고 반복한다.

Q 직장에 당신이 가치가 없다고 생각하거나 불신하는 사람이 있는가?

A 만약 그들이 당신의 팀원이면, 그들의 수준을 높이거나 내보내는 것이 당신의 일이다.

Q 당신은 선별적으로 행동하고 있는가? 어떤 상황에서 그리고 언제 "사양합니다"라고 말하는가.

A 용기를 내어 안 된다고 말하는 연습을 하고 무슨 일이 일어나는지 지켜보라.

Q 가정과 직장에서 도움을 청하고 있는가? 팀이나 직원이 있는 경우 업무를 위임하고 있는가?

A 공식적으로 위임할 수 없는 경우에 질문 1과 3으로 돌아가라!

Q 주변 사람들에게 관심이 있다는 것을 당신의 행동하는 활동 범위가 아니라, 그들이 당신 주위에 있을 때 느낄 수 있게 하는가? 당신이 행사하는 영향력을 확인하고 지금보다 더 나은 방식으로 이해당사자에게 영감을 주거나 참여시킬 방법을 질문해 보았는가?

A 일을 정말로 잘한 사람에게 고맙다고 말하거나, 속도를 늦추고 누군가에게 어떻게 지내는지 물어보고 답을 들어라!

Q 이 장을 읽으면서 숙제가 생겼다고 생각하는 이 순간에 자신에게 따뜻한 배려를 하고 있는가?

A 공감을 하고, 우리 모두 리더로서 형성되고 성장하는 여정에 있다는 것을 명심하자.

6장

위험 감수
─ 대담함의 예술

자신감이 부족할 때, 당신은 마치 거품 속에서 마비된 것처럼 외로움을 느끼는가? 만약 그렇다면, 신경과학자, 심리학자, 교육자, 사회학자들이 자신감의 원천이 무엇인지에 대해 연구해 왔다는 사실을 생각해 보자.

　작가 케이티 케이 Katty Kay 와 클레어 쉽만 Claire Shipman 은 그들의 책인 『자신감 코드 The Confidence Code 』에서 자신감을 과학과 예술이라고 부르며 왜 자신감이 능력만큼이나 중요한지 설득력 있게 주장하고 있다.

　케이와 쉽만은 자신감은 부분적으로 유전적인 영향을 받지만, 고정된 심리 상태는 아니라고 결론지었다. 완벽하다는 생각을 하거나 스스로에게 말하는 것으로는 자신감을 발견하지 못할 것이다. 단순히 어깨를 으쓱하고 그럴듯한 제스처를 하는 것만으로 신뢰를 찾을 수는 없다. 신뢰는 자신감을 향한 장애물 즉, 사람을 만족시켜야 하고 완벽해야 한다는 압박감을 덜어낸 후, 더 많은 행동, 위험 감수, 그리고 실패에 대해 신속하게 대처하는 심리 상태에서 비롯된다.

그들의 책이 베스트셀러가 된 후, 저자들은 자신감 구축에 관한 디지털 워 게임을 만들었다 당신의 자신감이 어떻게 회복되는지 알아보려면 www.theconfidencecode.com에서 무료로 온라인 퀴즈를 체험해본다.

확실한 것은 우리의 불완전함이 어린 시절에 시작되었다는 사실이다. 미국대학여성협회가 조사한 한 연구는 소녀의 자존감이 9살에 최고조에 달하지만 35살에 다시 상승할 수 있다는 것을 발견했다. 9살 때, 소녀들은 그들 자신에 대해 긍정적으로 느꼈고 자신감이 충만하고 적극적인 것으로 밝혀졌다. 그들이 고등학생이 되었을 때, 조사 대상 여학생들 중 1/3이 그렇게 느꼈다 조사 결과 남학생들도 어느정도 자존감이 있었지만, 여학생들이 느끼는 정도는 아니었다. 우리가 이런 좋지 않은 감정을 극복하려고 노력하는 것은 우리의 가치를 증명하고 있다는 증거이다. 그것은 성과 노력, 호감 친밀함, 브랜드와 아름다움 예쁨, 지적 똑똑함이라는 것에 초점을 맞추고 있는 것인지도 모른다. 그러나 대부분의 여성들은 그들이 충분하지 않다는 편견을 극복하기 위해 다른 무언가를 찾아 나선다.

많은 여성들이 직장에서 과로로부터 쉽게 벗어나지 못하는 이유가 여기에 있다. 만약 우리가 스스로 모든 것을 하지 않고 대신 다른 사람들을 참여시켜서 일을 처리한다면, 어떻게 자기확신을 가지고 가치를 느낄 수 있을까? 만약 개인적으로 어렵게 얻은 결과로부터가 아니라면, 가치에 대한 증거는 어디에서 나올까? 물론, 바쁘다는 것 자체는 자신감이 부족하지 않음을 느낄 수 있는 용이한 방법이다. 자신을 좋아한다는 것을 증명함으로써 자존감을 강화하려고 시도할 수 있지만, 이것은 어떤 상황에서는 효과가 있을지 모르지만 그렇지 않을 수도 있다.

우리가 인기 없는 결정을 내려야 할 때, 특정 사람들이 동의하지 않을 때, 우리는 양자택일의 상황에 직면하게 된다. 만약 자신을 존중하기 위해 다른 사람들을 기쁘게 하는 데 관심을 기울였다면, 더 큰 어려움에 처하게 될 것이다.

여성들을 위한 교육훈련을 통하여, 그리고 자신감에 대해 깊이 연구하기 위해 동료 여성 그룹들과 함께 일하면서, 우리는 종종 우리 여성들이 어떻게 처음부터 자신감의 밑바닥에 놓이게 되었는지를 논의한다. 내부적 요인은 물론 사회에 영향을 미치는 외적 요인도 여성으로서의 자신감에 영향을 미친다. 일생 동안 학습된 메시지들 '착한 소녀들'이 되려고 사회화된 이 자신감의 영역과 조화를 이루는 것은 매우 어려운 일이다. 대외적으로는 TV를 켜거나 페이스북이나 인스타그램을 열면 된다. 여성들이 직면하는 것은 "만약 당신이 무엇인가를 가지고 있거나, 하거나 입고 있다면, 당신은 괜찮을 것이다"라는 시각적인 비난이다. 립스틱과 유명 디자이너 신발에서부터 '더 나은' 자동차와 완벽하게 준비된 파티의 사진까지 기본적으로 생존과 관계없는 것을 주장하는 것은, 행복을 가져다줄 수 있는 자기 밖의 어떤 유혹에 빠져도 괜찮으리라는 개념이다. 다른 방식으로 말하면, 일단 당신이 그런 것을 가지거나 다른 사람들이 부러워하거나 좋아하는 방식으로 당신 자신이나 당신의 노력을 보여주면, 마침내 자신감에 찬 삶을 누리게 될 수 있다는 말이다. 소녀와 여성들은 이러한 메시지 어떤 암묵적이거나 명확한 를 내면화하고, 무의식적으로 결코 도달할 수 없는 기준을 만든다.

브레네 브라운은 휴스턴 대학의 연구 교수로 지난 16년간 용기, 취약성, 수치심, 공감 등에 대해 연구했다. 뉴욕 타임즈 베스트셀러 4위의 저자인 그녀는 모든 여성들에게 그녀의 자신감 넘치는 대화들 중 하나를 추천하고 있다. 브레네의 책에서 그녀는 당신이 누구인지 받아들이는 것에 대한 경험과 연구결과를 아름답게 보여준다. 브레네는 "매일 우리는 사회와 언론이 우리에게 우리가 누구이고, 무엇을, 어떻게 해야 하는지를 알려주는 수많은 이미지와 메시지들에 직면한다"고 지적한다.

링키지사에서 개발된 대부분의 여성 리더십 프로그램은 잠재성이 높은 여성 리더들을 대상으로 제공된다. GILD 링키지사가 주관하는 매년 개최되는 세계적 리더십 개발을 위한 학습의 장에 참가한 여성 리더이든, 여성의 진보를 장기적인 목표로 삼은 회사의 리더이든 간에, 우리는 최고의 여성 인재라고 믿는 여성들을 본다. 그리고 이런 행사에 참석하는 대부분의 여성들은 그들 자신에 대해 제대로 이해하지 못하고 있다.

최근, 전 세계에서 온 35명의 여성들과 6개월짜리 여성 리더쉽 워크숍을 스페인에서 진행하였다. 개회사에서 한 여성이 손을 들어 질문하였다. 연사들이 어떤 기준을 가지고 참가자들을 선정하였는지 물었다. 리더십 개발 책임자가 워크숍에 참가한 여성들이 어떻게 그리고 왜 선택되었는지 설명하였다. 현재 역할에서 탁월한 실행력을 보이거나, 긍정적인 태도나 영리함, 엄청난 잠재력을 가진 재능 등에 의한 것 때문이라고 하였다. 그때 그녀의 눈에는 눈물이 고였다. 그녀는 조용히 말했다.

"내가 그렇게 보이는지 모르고 있었다. 왜 내가 선택되었는지, 왜 내가 여기 와 있는지 모르고 있었다. 나는 이 장소에 있는 다른 사람들과 함께 있을 만큼 나 자신에 대해 좋게 생각하지 않았었다."

북미에 기반을 둔 회사에서 다른 일을 시작했을 때, 24명의 고위직 여성이 12개월 동안 CEO와 그의 부하직원에 의해 정식으로 후원자로 선정되었다. 팸Pam이라는 인사책임자는 직접 각 여성에게 전화를 걸어 선발되었음을 알림과 동시에 그녀의 후원자가 누가 될 것인지를 알렸다. 대부분의 선정된 사람들은 그들이 선정됐다는 전화를 받고 감사를 표하며 울기 시작했다. 그 눈물은 단순한 감사의 눈물이 아니었다. 그 눈물은 또한 그들이 얼마나 뛰어난 인재인지를 이해하지 못하는 또 하나의 인정이었다. 어떤 사람들은 심지어 자신이 선정될만한 가치가 없다고 느꼈다.

여성이 자신에 대해 느끼는 감정과 세상으로부터 받는 긍정적인 피드백 사이의 차이가 클수록, 더욱 감정적인 상태가 된다. 나는 이같은 상황을 몇 번이고 관찰하였다. 어떤 여성이 자신이 인정받는다고 느끼거나 가치가 없다고 느끼는지 나에게 말할 때마다, 그들이 얼마나 멋진 사람인지를 진정으로 이해할 수 있도록 돕기 위해 내가 무엇을 할 수 있는지 고민하게 만든다.

그 증거는 또한 데이터에서 나타난다. 여성들은 리더십 진단에서의 모든 역량에 걸쳐 계속해서 자신들을 그들의 경쟁자들보다 낮게 평가한다. 개인이나 그룹과 함께 진단결과를 검토할 때, 이렇게 말한다.

"스스로에게 부여한 진단값이 다른 평가자들의 진단 결과값보다 더 낮은 경우가 많다. 이는 진단 참여자들 중 낮은 점수를 부여한 이로부터 상처를 받는 것이 두려운 나머지 의도적으로 자신에게 낮은 점수를 준 것이다."

다른 리더십 진단 여성만을 위한 진단도구가 아닌 도 여성 리더는 진단에 참여한 동료나 부하직원들보다 자신을 더 낮게 평가하고 남성 리더들에 비해 스스로를 더 낮게 평가하는 경향이 있는 것으로 나타났다.

그것은, 여성들 스스로가 자신이 능력만큼 자신감이 없다는 증거이자, 남성들이 여성들보다 실질적으로 더 자기 자신에 대해 과신하는 경향이 있다는 것이다.

편견에 대한 전문가인 아이리스 보넷은 우리 자신을 객관적으로 평가하는 것은 거의 불가능하다고 결론지었다. 거의 100개의 독립적인 표본을 연구한 리더십 분석에서도 마찬가지의 결과가 나타난다. 그 결과는 사실 다른 사람들이 그들을 상당히 덜 효과적이라고 평가했을 때에도, 남성들이 여성들보다 그들 자신을 훨씬 더 효과적이라고 인식한다는 것이다.

분명히, 여성들은 조금 더 온건하고 긍정적이다. 자신감의 수준을 뛰어넘어 과신하는 사람들의 부류가 아니다. 우리가 찾고 있는 것은 자신감과 겸손의 균형이다.

자만심과 겸손 지수 Hubris-Humility Index 는 시카고 대학의 정치학자 존 미어하이머 John Mearsheimer 와 MIT의 정치학자 스티븐 반 에브라 Stephen Van Evera 가 개인에게 내재된 자만심과 겸손함의 양을 측정하기 위해 고안한 개념이다. 바람직한 자만심과 겸손 지수에서 높은 점수를 받기 위해서는 자만심과 겸손함 둘 다 높은 지수를 갖는 것이 필수적이다. 한 개인이 한 영역은 풍부하지만 다른 한 영역이 부족하면 낮은 점수를 받는다. 강한 자만심은 부족한 겸손을 보상할 수 없고, 그 반대도 마찬가지다. 요컨대, 두 가지 모두 필요하다.

필 테틀록 Philip Tetlock 은 캐나다계 미국인 정치학자로, 현재 펜실베이니아 대학교의 와튼 스쿨과 예술과학대학 교수이다. 테틀록은 또한 다년간 실제 사건의 확률적 판단의 정확성을 향상시키는 타당성을 연구한 '좋은 판단 프로젝트'의 공동 연구원이기도 하다. 테틀록은 다음과 같이 말한다. "좋은 판단을 위해 필요한 겸손은 스스로 의심하는 것이 아니다. 즉, 자신이 재주가 없거나, 현명하지 못하거나, 가치가 없다고 의심하지 않는 것이다. 필요한 것은 지적 겸손이다. 테틀록이 내게 주는 지혜는 호기심을 갖고, 자신이 전체 그림을 보지 못할 수도 있음을 인식하고, 다른 사람들의 도움을 받아, 스스로 자신감의 장애물을 뛰어넘을 수 있다는 믿음을 가지라는 것이다.

◇ 자신감 VS 가치

　자기 확신을 갖기 위한 모든 시도는 또 다른 역동성으로 이어지는데, 이는 매우 가치 있는 일이다. 가치 없는 감정은 잠재적인 기회나, 심지어 연설이나 발표를 하기 위한 무대 위에 서 있는 것과 같은 더 부담되는 상황에 직면하게 될 때 나타나는 것으로 잘 알려져 있다. 우리 마음속에 자리잡고 있는 잠재적인 질문들은 아마도 "누가 왜 내가 하는 말을 듣고 싶어 할까? 결국 다른 사람이 새로운 자리를 차지하려고 하는 데 왜 시간을 낭비하는가? 만약 내가 질문을 받았을 때 답을 모른다면? 만약 내가 다른 옷을 입었어야 했다면?" 등일 것이다.

　페덱스 FedEx Ground 의 인사담당 임원인 셰넌 아놀드 Shannon Arnold 는 24년 동안 일하는 과정에서 몇 개의 분기점을 경험했는데 여기에는 자신감과 가치에 대한 통찰력을 포함하고 있다. 그녀의 언어는 완벽함의 메시지로 가득 차 있는데 그것은 의도적인 거짓말과는 구별되는 것이다.

　"사람들이 나를 잘 모른다고 말하곤 했다. 나는 당신의 좋은 점과 나쁜 점을 모두 말할 수 있다. 그것으로 내 비판적 내면의 목소리와 내 머릿속에서 무슨 일이 일어나고 있는지 이해하는 것이었다. 나의 비판적 내면의 목소리가 함께 극복해야 할 몇 가지는 거짓에 대한 믿음이었다. 때로는 거짓이 노골적인 거짓말이고 때로는 반쪽 진실이다. 많은 사람들은 많은 사람들은 그들이 진실이라고 생각했던 믿음이 실은 마음속에 만들어 놓은 잘못된 구조였음을 깨닫게 된다.

하지만 그런 것들을 분리시켜 보면, 그것이 사실이 아님을 깨닫게 된다. 내가 지난 몇 년 동안 집중해 온 한 가지 구체적인 분야는 내 자신의 삶에서 완벽주의를 해체하는 것이다. 나는 오랫동안 완벽한 것이 중요하다고 믿고 있었지만, 세월이 흐르면서 완벽은 허상임을 알게 되었다. 그런 것은 없다. 현실적인 목표도 아니다. 얼마나 가식적인 완벽주의인가? 나의 가장 큰 강점은 성취감이다. 그래서 일을 하고 싶은 끊임없는 욕구를 불러일으키고 심리적 주관을 가지고 있는 완벽주의라는 이 괴물 같은 비판적 내면의 목소리를 만들어 내는 이중적인 장애요소를 가지고 있다. 이를 생각하면 우리 모두가 매일 최선을 다하고 있다는 인식이 자신에게 더 많은 축복을 주면서 다른 사람들에게 축복해 줄 수 있었다."

"완벽할 필요는 없다." 그것은 내가 스스로에게 말하고 있던 거짓말이었다, 완벽한 것이 결승점이었다. 완벽을 추구할 때, 행복의 세계로 절대 가지 못할 것이다. 나의 개인적인 여정에서 해야 했던 또 다른 인식은 우리가 항상 선택을 하고 있고 행복이나 기쁨은 우리가 매일 하는 선택이라는 것이었다. 이것이 부담과 반대되는 선택이라는 것을 느끼는 것은 매우 자유롭고, 그 순간에 행복하고, 감사하고, 만족감을 느낄 수 있도록 해 주었다.

얼마나 많은 사람들이 끝이 보이지 않는 곳까지 밧줄과 씨름하느라 즐거움을 잊고 사는가? 인생은 우리가 현재에 집중하지 않는다면 한순간에 날아갈 수 있다.

자신감은 일을 잘할 수 있다는 믿음이다. 가치는 자기 자신이나 다른 사람에 대한 호의적인 의견이다. 만약 우리의 자신감이 인정된 다면, 무언가를 잘할 수 있다는 믿음과 함께 자신에 대한 호의가 쌓일 것이다. 당신은 행동을 취함으로써 자신감을 키운다. 가치를 쌓거나 얻는 것이 아니다. 그것은 당신의 머릿속에 있는 비판적 목소리가 더 따뜻하고, 온화하고, 훨씬 더 너그러운 자기 대화로 대체되어 자신에 대한 연민으로 되돌아갈 수 있도록 실천함으로써 오는 믿음이다.

자신감은 두려움을 멈추고, 용기를 북돋우고, 위험을 무릅쓰도록 요구한다. 자신의 가치를 믿으려면 내적 근육을 만들어야 한다. 두려울 때도 행동을 취하고 자신의 가치를 믿어야 한다. 자신을 믿고 격려하고, 자신의 재능을 일깨워 주고, 그것을 위해 인생에서 도전하기를 바라는 사람들과 어울리는 것도 매우 도움이 된다. 자신과 자신의 재능을 받아들이고 진정한 본성을 드러낼 때, 영광과 축복 두 가지 일이 일어날 수 있다고 가정할 필요가 있다. 당신은 정말 괜찮다. 왜냐하면 당신은 다른 사람들로부터 기쁨도 얻을뿐더러 스스로도 기분이 좋을 것이라고 느낄 것이기 때문이다.

당신은 스스로의 판단을 기다리고 있었음을 알게 될지도 모른다. 자신의 동정심이나 자신감을 가지고 자신과 마주하는 것이 항상 편안한 감정으로 이어지진 않는다. 다만, 여러분이 마음먹은 것은 무엇이든지 할 수 있다고, 스스로에게 가능성으로 가득 찬 말을 건넬 수 있을 것이다.

「2장」에서는 코칭을 통하여 내면의 근성을 구축하는 방안에 대해 다루었다. 이것은 여러분이 자신의 가치를 믿는 것으로 되돌아가는 순간적인 연습이며, 특히 실수를 했거나 취약하다고 느끼거나 내면에서 단순히 할 수 없거나 해서는 안 되는 모든 이유를 지적하고 있다. 이 속마음을 다루는 코치는 여러분이 자신의 가치에 대한 진정한 믿음을 가지고 말하고 행동하는 중심 내부의 장소에서 여러분이 결심하는 모든 것을 시작할 수 있도록 도와줄 것이다.

자신감을 느끼고 자신감을 갖는 것으로 인정받는 자신을 위한 세상을 만들기 위한 노력은 다음과 같은 것을 요구한다.

- 더 용이하게 조치를 취한다.
- 위험을 감수하고 위험을 무릅쓴다. 이것이 최적의 결과가 나오지 않을 수도 있지만.
- 빨리 실패한다.
- 이 장애물을 뛰어넘는 동안 신뢰할 수 있는 친구들과 동료들의 네트워크를 준비한다.
- 자신감을 나타낼 때 사용하는 언어들을 확인한다.
- 반드시 승리 일지에 기록한다.

유나이티드 웨이(United Way)
달린 슬로트(Darlene Slaught)의 자신감

유나이티드 웨이(United Way Worldwide)의 최고 다양성 책임자로서 달린 슬로트(Darlene Slaught)는 많은 감명을 주었다. 많은 사람들을 변화시키고 성장시켰고, 가장 확실하고, 자신의 방식으로 자신감을 갖도록 도와준 그녀의 사례를 공유하고자 한다.

"자신감은 커진다. 젊었을 때는 자신감이 별로 없었다. 나는 지금보다 더 내성적이었다. 사람들이 나를 쳐다보는 것을 원하지 않기에 다른 사람들을 쳐다보지 않을 것이다. 주목을 받는 것에 대해 수줍어하기 때문에 주목받을 일들을 하지 않을 것이다.

나는 조용히 있으려고 했다. 난 위험을 감수하지 않았고 어리석다고 느낄까 봐 두려웠다. 대학원에 진학하였고, 어떤 면에서는 성공적이었고 항상 기회를 얻는 것처럼 보였다. 나는 인사와 조직 개발 학위를 받았다. 시누이는 나에게 사람들을 편안하게 해주는 능력이 있다고 말했다. 대학원에서 교수 중 한 분이 '너희들은 모두가 능력 있는 사람들인데 그걸 모르는 사람은 자신밖에 없다. 자신의 공간 속으로 들어가서 눈에 띄지 않고, 보이지 않는 것은 불가능하다. 너희들은 그것에 익숙해져야 한다.'고 말했다.

나는 자신감을 가지고 있었지만, 내 힘을 다른 사람들을 위해 사용하고 있지 않았다. 하지만 나는 위의 그 과정을 통해 다른 사람들을 지원할 수 있었다. 결국 다른 사람들의 목소리가 되어 주는 직업에 종사하게 되었다. 인사분야에서 항상 다른 사람들에게 영향력을 주고 있다.

그 이후 자신감은 커졌다. 그리고 직장에서 큰 장점은 나보다 아래인 다른 사람들의 신뢰를 쌓기 위해 노력하는 것이다. 사람들을 끌어 올려서 데려오지 않는다면, 내가 하는 일이 무슨 의미가 있겠는가?

한 매니저는 나를 더 높은 직위로 승진시키고 싶어 했다. 나는 내 본능에 주의를 기울인다. 많은 조직에서 고위직에 많은 유색인종을 두지 않는다. 나는 주니어였고 그녀는 나를 승진시키고 싶어 했지만, 그녀가 옳은 이유로 나를 승진시키고 싶어한다고 생각하지 않았다. 2주간의 휴가를 내고 마음을 되돌아보는 시간을 가졌다. 나는 누구인가? 어떤 재능을 가지고 있지? 스스로에게 말했다. '내가 누구인지 진실하게 행동하고 그 공간에서 행동하면 괜찮을 거야.' 그때 나는 나 자신이 되어 일을 해야 할 필요가 있고 내가 가장 도움이 될 수 있는 방법으로 생각했던 대로 일을 하기로 마음먹었다."

"자신감과 존재감은 함께한다. 우리는 많은 것에 대해 극도로 자신감을 가질 수 있는 순간이 있다. 그리고 그 자신감을 잃는 것은 1초밖에 걸리지 않는다. 누군가가 피드백을 주고 비판하면 우리는 즉시 혼란에 빠져서 자신감을 잃을 수 있다. 사람들은 직장에서 사람들의 감정을 살피기 때문에 두렵다. 자신감을 잃는 것은 매우 쉽다. 우리 모두는 스스로를 더 발전시킬 수 있는 피드백을 얻을 수 있지만, 자신감을 잃지 않도록 해야 함을 잊어서는 안 된다."

"자신감과 존재감은 서로 통한다. 좋게 보면 기분도 좋아진다. 의상에는 많은 힘이 있다. 옷을 입기 위해 지나치게 많은 돈을 쓴다는 것은 아니지만, 비유하자면 옷과 같다. 비싼 옷을 입으란 얘기가 아니라, 당신이 원하는 바를 위해서 그에 맞는 옷을 입어야 한다는 것이다. 겉으로 드러나는 바가 중요하다. 사람들은 실제로 말하기 전에 당신을 본다. 나는 만반의 준비를 갖추고 와야 했다. 다음 단계로 갈 준비가 되었을 때, 그곳으로 가기 위해서는 다음 단계에서 무슨 일이 일어나고 있는지 살펴야 한다."

◇ 두려워 말고 행동으로 옮겨라

우리가 자신감이 부족한 상황 뒤에는 대개 공포라고 불리는 성가신 것이 있다. 나는 칼라 하리스의 인용구를 사무실에 걸어 놓았는데, "너의 성공 앞에는 어떤 공포감도 설 자리가 없다. 우리가 두려움의 장소에서 전문가로서든 개인적으로든 어떤 상황에 접근할 때마다, 두려움은 작아 보일 것이다."를 가장 좋아한다. 내가 함께 일하는 모든 여성들이 지나갈 때마다 그것을 읽기를 바라는 마음이다.

용기에 대한 전문가이자 작가인 매기 워렐Margie Warrell 은 우리가 용기를 기다리지 않기를 바란다. 워렐은 "행동은 두려움에 대한 가장 강력한 해독제"라고 믿는다. 우리가 두려움 앞에서 행동하기로 선택할 때마다 그 힘을 희석시키고 우리 자신의 능력을 증폭시킨다는 점에서 말이다. 행동을 취하는 것은 자신감을 키우며 다른 어떤 것도 할 수 없는 방법으로 용기를 키운다. 워렐은 용기는 근육과 같다고 말한다. 그래서 매번 용기를 내어 그녀가 말하는 '용기 지대'로 발을 내딛게 되면 위험에 대한 관용과 더 많은 용기를 가질 수 있는 자신감을 갖게 된다. 그녀는 많은 여성들이 자신을 의심하지 않고 자신을 더 깊이 믿고 우리가 갖고자 하는 용기를 가지고 행동하도록 격려한다.

워렐은 "공포감은 강력한 감정이다"라고 말하는데, 이는 우리가 두려움을 명확히 인식해야 한다는 말이다. 우리에게 도움이 되는 두려움과, 우리를 적극적으로 행동하지 못하게 제지하는 두려움을 구별할 필요가 있다. 만약 우리가 두려움에 사로잡힌다면, 그것은 우리가 진정으로 원하는 것을 추구하고 우리가 원하지 않는 것을 바꾸기 위해 필요한 바로 그 행동을 취하지 못하게 된다.

"연구결과에 의하면 여성은 선천적으로 남성보다 더 조심스러워한다. 그러므로 지나치게 조심하지 않도록 해야 한다. 안전하게 행동하는 것은 단기간의 안정감을 줄 수 있지만, 장기간에 걸쳐 그것은 우리의 신뢰를 무너뜨릴 수 있고, 더 이상 안전하지 않다고 느끼게 할 수 있다."

워렐은 여성이 남성보다 자신을 더 의심하는 경향이 있기 때문에, 이것은 우리가 앞으로 나아가는 것에 대한 자신감을 잃게 한다고 말한다. 그녀는 다음과 같은 충고를 했다.

① 두려움보다 더 큰 미션을 만들어라. 당신은 어떤 목적을 위해 여기에 있다. 하지 않으면 결코 이루어질 수 없는 일들이 있으니. 아무도 할 수 없는 표식을 만들기 위한 목적으로 이곳에 왔다고 믿어라. 두려움이 이기게 내버려두면 놓치는 것은 자신뿐만 아니라 이 세상도 그럴 것이다.

② 불편함에 익숙해져라. 우리들 중 누구도 자신의 취약함을 느끼고 싶어 하지 않지만, 그렇게 할 의향이 있을 때에만 우리는 자신이 진정 얼마나 능력이 있는지를 발견할 수 있다.

③ 자신을 과소평가하지 마라. 여성들은 자신의 장점을 과소평가하고 자신의 성과를 깎아내리는 경향이 있다. 이제는 자신의 가치를 인정하고 성공을 위해 공을 들인다. 충분히 그럴만한 가치가 있다. 겸손은 고귀한 미덕이지만, 자신을 스스로 깎아내리는 것은 누구에게도 도움이 되지 않는다.

④ 두려워서 멈추는 일은 실패하는 것보다 후회스럽다. 80세의 자신의 모습을 상상하여보고 지금 더 대담해지지 않은 것을 후회할지 스스로에게 물어봐라. 만약 그 대답이 분명히 아니다 라고 한다면, 자신을 믿고 도약을 하라.

⑤ 위험에 다가서라. 우리가 위험을 과대평가하고 자신을 과소평가하는 경향이 있다는 점을 감안할 때, 의심스럽다면 용기를 북돋우고 위험에 기대야 한다.

자신감을 키워준 가장 좋은 교훈은 고등학교 3학년 때 학생회 총무로 출마하기로 결심했을 때였다. 어느 날 밤 저녁식사를 하면서 이 계획을 아버지와 나누었을 때, 아버지는 "수잔, 학생회장에 출마하지 않을래? 너도 알다시피 너는 훌륭한 학생회장이 될 거야." 나는 아버지를 도저히 이해할 수 없다고 생각하며 한숨을 내쉬었지만, 그에게 바로 상황을 설명하기로 했다. 나는 "아빠, 내 친구들과 내가 모든 것을 해결하기로 했어요. 크리스는 학생회장에 출마하고 브라이언은 학생회 부회장 후보로 출마해요. 엘리는 회계담당으로 출마해서 나는 총무로 출마하기로 한 거예요."

아버지는 내 논리를 받아들이지 않았다. 사실, 아버지는 나에게 오늘날까지도 기억나는 네 개의 간단한 질문을 했다. 그것은 다음과 같았다.

"왜 총무가 되고 싶어하지?"

"모르겠어요."

"너는 학생회장이 될 수 있다고 생각해?"

"그럴 거예요."

"나도 그렇게 알고 있다. 학생회장이 되고 싶니?"

"생각도 안 했는데, 지금 아버지가 언급하니까, 내가 그걸 잘할 수도 있을 것 같아요. 하지만 크리스가 출마를 준비하고 있어요."

"그래서? 그와 경쟁하면 되잖아? 네가 크리스보다 더 좋은 학생회장이 될 것 같아?"

"심각하게 받아들이고 열심히 하면요."

결국 나는 크리스와 경쟁하기로 결심했다. 우리는 즐겁게 캠페인을 했다. 그리고 학급 구성원들에게 투표를 요청하였다. 마지막 토론을 기억한다. 각자가 고등학교 강당에서 수업시간에 연설하고 우리의 마지막 호소를 할 기회를 가졌을 때, 크리스는 일어서서 100달러짜리 지폐를 가지고 시각적 프레젠테이션을 하였다. 그는 어떻게 하면 연말 축제에 필요한 자금을 조달할 수 있을지에 대해 이야기했다. 그는 재미있고 자신감이 넘쳤다. 반면에, 나는 연말 축제에 대한 비전을 묘사한 몇 개의 차트와 시각적 보조 도구, 그리고 우리가 꿈꿔왔던 모든 것을 가지고 연말이 되기 전에 취할 행동에 대한 목표와 계획을 가지고 있었다. 경합이 치열하였지만 결국 아주 근소한 차이로 나는 이겼다.

그때 나는 내가 지금 알고 있는 것을 거의 알지 못했다. 이 위험을 감수하고 내 인생의 중요한 사회적 가치의 우선순위를 확립하는 것 무엇인가 최고 리더를 위해 가고, 나의 모든 것을 투입하고 승리하는 것 자랑스러운 3학년의 학생회장이 되는 것이 오늘날에도 남아 있는 자신감을 위한 토대를 마련하는 계기가 되었을 것이다. 나는 내 이야기에서 여러 독자들이 이미 알아차렸을 사실을 다시 한 번 강조하지 않을 수 없다. 크리스를 이기기 위해, 또한 내 동료들을 감동시키기 위해 정말 여러 개의 시각화 자료가 필요했을까? 어쨌든, 그것은 내가 계획한 목표를 보여주기 위해 필요한 수단이었다. 그와 동시에 자신만만하고, 이기는 데 익숙한 그룹의 멤버들을 이끌기 위한 카드이기도 했다.

◇ 물 흐르듯 하라

조앤 브렘Joanne Brem은 자신감을 기르는 것에 대해 많은 것을 알고 있다. 2009년, 코치로서의 경력 9년 만에 그녀의 멘토와 일대일 세션을 할 때, 조앤은 자기 회의감과 준비 상태에 대한 걱정을 털어놓았다. 그녀의 멘토는 잠시 말을 끊고 나서 "조앤, 당신은 더 이상 초보자가 아니고 충분한 경험이 있어요. 그동안 얼마나 더 많은 고객들을 코칭하셨습니까? 당신은 이미 원하는 목표지점에 도달해 있고 내가 알고 있는 바로는 당신은 이미 충분히 준비되어 있고 여유를 가질 수 있을 거예요."

조앤은 "역량을 키우기 전에 자신감을 가져야 했다"고 설명했다. "경험의 축적 이전에, 그리고 내가 어떤 변화를 할 수 있고, 이미 가지고 있는 나의 강점에 의해 만들어지고 있는 것을 이해하기 전에 나는 나 자신에 대한 믿음을 갖는 것이 먼저였다. 경험이 좀 필요하긴 하지만 우선 자신 있게 입장을 취해야 했다"고 말했다.

조앤은 자신감을 얻기 위해서는 얼마나 준비해야 하는지에 대한 가정들을 확인해야 한다고 조언한다. 그리고 모든 세부사항을 통제해야 하는 요구를 떨쳐버리라고 충고한다.

준비하되 준비 정도를 식별한다

질문을 활용한다. 원하는 결과는? 그것이 정말 어떤 차이를 만들까? 당신이 잘 알고 있는 그룹에 대한 프레젠테이션은 경영진회의에서 발표하는 것과 같은 수준의 준비를 요구하지 않을 것이다. 이것은 효과적인 메시지 전달을 위해 어느 정도의 준비가 필요할지 스스로 정할 수 있는 판단 능력에 관한 물음이다.

예를 들면, 행동을 취하기 전에 어느 정도 준비를 할지 판단하기 위해, 전문가라면 어떠한 판단을 내릴지 생각해보거나, 특정한 경험에 비추어 상상해보는 것이다. 이 순간, 잠시 멈춰서 분별해 보라. 기대사항은 현실적인가? 위험을 무릅쓰거나 처음으로 뭔가를 했을 때, 자신이 생각만큼 준비가 되어 있지 않다고 느꼈는데, 결과적으로는 일이 잘 되었을 때를 기억하는가? 이 마지막 질문을 선택적 문장으로 바꾼다.

통제욕구를 내려놓는다

신뢰하지 않을 때마다 통제하고 싶을 것이다. 신뢰하지 않을 때마다 제어 모드로 들어간다. 스스로가 충분히 유능하다고 믿어라. 갑작스럽고 우연하게 일어날 수 있는 일에 대비하라. 주위의 환경이 당신에게 필요한 모든 것을 줄 수 있는 순간이 항상 있다. 이것을 믿어라. 어차피 예상한 대로 되는 일은 없다.

조앤의 지혜는 우리가 일이 잘 풀리지 않을 때 어떻게 생각하는지를 스스로 다시 그려보라는 것을 암시한다. 그것은 우리가 위험을 감수하면 두려워하는 어떤 나쁜 일도 뛰어넘을 수 있는 능력에 대한 믿음과 자신감을 요구한다. 그 순간을 맞이할 수 있는 능력에 대한 신뢰는 실패에 대한 두려움의 목소리보다 더 크다.

나는 한때 멘토가 있었는데 그 멘토는 나 자신의 통제 욕구에 도전하기 위한 연습의 일환으로 "나쁜 일이 일어나게 하라"고 내게 도전하게끔 한 적이 있었다. 그것은 결국 내가 위험을 무릅쓰는 것이 아니라, 주위 사람들이 위험을 무릅쓰도록 하게 하는 것이었다. 특히 딸과 나의 관계에 가장 큰 영향이 있었다. 대부분의 어머니들이 그렇듯이, 딸들에게서 위험을 감지하고 처리하는 것이다. 그들이 아주 어렸을 때, 이것은 종종 효과가 있었다 "만지지 마, 뜨거워!". 위험하지 않을 수도 있는 상황이지만, 딸에 관한 일이라면 자연스레 걱정이 앞서곤 한다. 위태로워 보이는 아이들의 행동들을 지켜보는 것 넘어서서 물을 흘릴지도 모르는 컵을 움켜쥐고, 그 안에 들어 있는 내용물을 잃어버릴지도 모르는 헐렁한 가방을 걸음마를 겨우 시작하는 아이들로부터 빼앗는 것은 끊임없이 운전석에 앉아 있는 것과 같은 것이었다. 나는 아이들의 "엄마는 뒤통수에 눈이 있다"는 주장에 자부심을 느끼기까지 했다. 정말로 이 '초능력'이 나쁜 일들이 일어나지 않도록 예방해 준다고 믿었다 절대 일어나지 않았던 피할 수 있는 사고임에도 불구하고, 나는 남편과 딸에게 이렇게 말하고 싶었다, "천만에요!".

딸들이 자라면서, 이 '초능력'은 지속적인 승리 전략이 아닌 것으로 드러났다. 그리고 남편이나 나와 함께 일하는 사람들에게 효과가 없다는 것을 알 수 있었다. 어느 정도 수준에서는 나와 남편, 아이들, 동료들에게 재미가 없을 정도로 환경을 통제하고 있었다. 나는 위험을 감수하는 것을 반대하는 성향을 갖게 되었다. 하지만 일이 정해진 길에서 벗어나지 않도록 하기 위해 끊임없이 긴장하고 있을 때, 통제를 가하는 것은 신뢰를 잃게 하는 지름길이란 것을 알았다.

10대 딸들과 그녀의 친구들은 쿠키를 만들 때 부엌을 엉망진창으로 만들어 놓은 후에 깨끗하게 청소할 것인가? 물론. 내가 그들을 '코칭'하지 않은 것이 오히려 그들이 제빵에 대한 자신감을 키우는 데 도움을 줄 수 있는가? 그렇다. 직장에서도 마찬가지다. 내 방식대로 일을 처리한 것을 잊어버리고 대신 주변의 다른 사람들의 생각과 행동에 대해 호기심과 용기를 부여하게 되면, 몇 가지 놀라운 결과를 발견하게 된다. 본질적으로, 통제력을 버리는 것은 우리 주변 사람들의 신뢰에도 도움을 주고 자신감을 쌓게 해줄 것이다. 그것이 상생이다.

빠르게 실패한다

계획대로 되지 않는 경우 위험을 감수하면서 어떻게 이를 극복하는가? 믿음에 기초하여, 그리고 지난 몇 년 동안 수십 명의 여성그룹과 함께 '신뢰할 수 있는 양파'를 벗겨낸 후 발견한 것이 있다. 자신감을 갖는 것의 핵심은 우리가 위험을 감수함으로써 어떤 결과가 나오든 적응하고 잘할 수 있는 능력이 있다고 스스로 믿는다는 것이다. 나는 이것을 믿음에 비유한다. 위험을 감수할 때, 그 위험의 결과가 의외로 당신이 바랐던 결과보다 나을 수 있을 것이라는 믿음이다.

우리를 두렵게 할 수 있는 행동을 취하는 것과 우리가 행동에 옮길 때 위험이 함께 오는 것에는 불가분의 관계가 있다. 위험 부담으로 예기치 못한 상황이 발생할 경우, 복구할 수 있는 능력이 있다는 것을 아는 것은 필수적이다.

실패에 대한 문턱이 얼마나 낮은지, 성공을 위한 문턱이 얼마나 높은지에 대한 실제 여성들의 연구결과들은 끊임없이 놀라게 한다. 이는 실패와의 관계가 "어떤 실패도 용납할 수 없다"에서 "내가 원하는 것보다는 최적화되지 못한 결과가 내가 성장하고 배우는 데 도움이 될 수 있다"로 전환될 필요가 있다는 것을 의미한다. 무언가에 실패하지 않고 사는 것은 불가능하다. 혹은 그보다 덜 극단적인 방법으로 말하는 것은 어느 정도 차선의 결과가 없으면 살 수 없다. 특히 위험을 감수하고 일이 계획대로 진행되지 않았을 때, 어떻게 결과를 인내하고 받아들이는가? 우리는 경험을 재구성할 필요가 있다.

『성과에 관한 세 가지 법칙: 인생과 조직의 미래에 대한 재 기술』은 어떻게 생각을 바꾸고 실패에 더 편안해질 수 있는지 실마리를 제공해 주고 있다. 여러분이 두려움을 무릅쓰고 행동을 취한 뒤에 얻을 수 있는 경험의 가치가, 실제보다 덜 이상적인 것으로 저평가한 채 살아가고 있다고 가정해보자. 당신이 예측한 그 '기본 미래'는 나쁜 것일 수도 있고, 피하고 싶었던 것일 수도 있다. 새 틀을 통하여 이런 상황에서 무엇을 배울 수 있을까? 다음번엔 무엇을 다르게 할까? 특정한 선택을 마주하고 있는 상황에서 나의 판단에 어떤 영향을 미칠까? 어떻게 하면 더 잘할 수 있을까? 더 현명하게 좌절 상황으로부터 빠져나올 것이라는 믿음은 위험을 감수하고 살아남을 것을 알 수 있게 해준다. 신뢰할 수 있는 친구들과 동료들의 네트워크에 의지하는 것은 필수적일 것이다.

지난해, 그리고 나와 동료들이 주관한 여성리더십 체험의 장에 참석한 지 불과 몇 주 만에, 나는 한 참가자에게 그녀가 어떻게 위험을 감수하고 실패했는지에 대해 들었다. 그녀는 승진과 성장을 위한 다음 단계로 올라갈 자격이 충분히 있다고 느꼈다. 그녀는 나를 한쪽으로 슬며시 끌어당기면서 어떻게 해야 하는지 물었다. 나는 그녀에게 다음과 같은 질의응답을 나누었다.

① 그 일이 잘 맞을 것이라고 믿는 후원자가 있었는가? 아니요.
② 그녀가 자신의 승진 욕구에 대해 매니저나 인사관리자에게 관심을 표명했는가? 그렇다.
③ 그녀가 정식으로 지원서를 제출했는가? 아니요.
④ 왜 지원하지 않았는가? 그녀는 실패할까 봐 걱정했다.

그녀에게 후원자가 없는 한 위험하다는 것을 상기시키며 후원자를 구하라고 독려했다. 나를 믿고 나를 대신해서 충분하게 지원해줄 영향력을 행사할 수 있는 위치에 있는 후원자가 필요하다. 몇 주 후, 그녀는 원하는 곳에 지원서를 제출하고 면접을 봤다고 말했다. 결국 그녀는 원하던 곳에 가지는 못했다. 그렇지만 그리고 나서, 그녀는 나에게 스스로가 얼마나 자랑스러운지 말해주었다. 나는 그녀에게 후회하느냐고 물었고 그녀는 이렇게 대답했다. "수잔, 이것은 나에게 큰 배움의 기회였어요. 이것을 더 자주 해야 해요. 짜릿했고 나를 살아있다고 느끼게 만들었고, 그 과정에서 많은 것을 배웠어요. 지원한 것 자체가 나라는 존재를 리더십 팀의 레이더에 띄웠어요. 내가 원했던 결과는 얻지 못했지만 위험을 감수하고 내 스스로가 괜찮다는 것을 깨달을 수 있는 기회를 주었어요."

◇ 자신감 구축 지원시스템 개발

우리가 혼자 뛰어넘어야만 할 장애물은 없다. 신뢰도 예외는 아니다. 사실, 나는 그것이 자신을 지지할 사람들이 있다는 첫 번째 이유라고 생각하기 시작했다. 이 장에서 기술하고 있는 많은 내용과 마찬가지로, 정확히 무엇이 가장 도움이 되는지 많은 전문가들이 일치된 의견을 보이고 있다.

내 인생에서 아버지가 했던 역할을 돌이켜보면, 내가 자신감을 갖도록 하는 그의 집중적인 의도를 이제서야 진정으로 이해하기 시작하였고, 삶에 진정으로 영향을 끼쳤다는 것을 깨닫는다. 만약 그가 나의 잠재력에 대해 더 크게 생각하도록 격려하지 않았다면, 아마도 더 작은 역할을 했을 것이다. 만약 당신이 나와 같은 아빠가 없었더라도 두려워할 필요는 없다고 생각한다. 꼭 부모가 아니어도 된다. 당신이 어렸을 때 더 높은 곳에 도달하도록 격려해 줄 수 있는 자신감 있는 목소리를 줄 수 있는 사람이 있다면 말이다. 그리고 신뢰구축 지원 시스템을 개발하는 것은 아직도 너무 늦지 않았다.

내 능력에 의문을 품을 때에도 아버지는 여전히 의지할 수 있는 사람이다. 2008년 파킨슨병과의 16년 싸움에서 실패하였음에도 불구하고, 그가 뭐라고 말할지 자문하면서 매일 관심을 돌리고 있다. 매번 받는 대답은 "그걸 해!"이다.

내가 성공하기를 바라고 나의 잠재력을 보고, 또한 진실을 말하는 사람들이 나에게 관심을 가지도록 하기 위해 열심히 일해왔다. 남편 제이미는 내가 너무 작은 것에 집중한다는 것을 알아차렸을 때 나에게 실망감을 느꼈다. 여러 번, 그리고 나의 직업적인 것에 대한 의문점을 가지고, 제이미는 종종 이렇게 물었다. "왜 그냥 그렇게 하지 않는 거야? 뭐가 당신을 멈추게 하는 거야?" 특히 나 자신이 의심하는 그 순간이나 위험을 무릅쓰는 것에 대한 두려움이 커 보일 때, 누군가가 "할 수 있다"고 독려하여 주는 것은 나에게 매우 중요하다.

하지만 때론 정말로 필요한 것은 밀고 당기는 것이다. 행동으로 밀어붙이는 것충격에 대해 더 크게 생각하거나, 전화를 걸거나, 원하는 것을 요구하는 것은 격려의 말을 받는 것과 같지 않다. 알고 보니 '당신은 최고다'라는 말은 열정적으로 일하는 여자아이들에겐 별로 효과가 없을지도 모른다. 특히 자존감이 낮을 때 자신을 긍정하는 것이 자신감을 쌓는 데 있어 행동을 취하는 것만큼 효과적이지 않을 수도 있다.

심리과학잡지의 '긍정적 자아 기술'에 기술된 바와 같이 워털루 대학의 심리학 교수인 조앤 우드 Joanne Wood 와 동료 교수인 일레인 퍼루노비치 Elaine Perunovic , 존 리 John Lee 교수는 "나는 위대하고, 완벽하며, 사랑스럽다"와 같은 긍정적인 자기표현들이 행동을 촉진하는 데 도움이 되지 않는다는 것을 알아내는 연구를 실시했다.

팀은 참가자들에게 로젠버그 자기존중척도에 있는 10개의 질문에 답해줄 것을 요청했다. 그리고 나서 그들은 참가자들의 규모와 질문 응답 결과에 따라 세 그룹으로 분류하였다. 로젠버그 척도에서 가장 낮은 점수를 받은 사람들은 낮은 자존감 그룹으로, 가장 높은 사람들은 높은 자존감 그룹으로 분류되었고, 중간 사람들은 중간 자존감 그룹으로 분류되었다. 가장 낮은 그룹과 가장 높은 그룹의 사람들은 두 가지 작업 중 하나를 무작위로 할당받았다. 그들은 계속해서 자신에게 4분 동안 "나는 사랑스런 사람이다"라고 반복하거나, 아니면 그들은 4분 동안 그들의 생각과 감정을 기술해야 했다. 그 결과, 낮은 자존감을 가진 그룹에 있으면서 "나는 사랑스러운 사람이다"라는 말을 선택한 사람들은 그들의 생각과 감정을 적어야 했던 낮은 자존감의 사람들에 비해 그들 자신에 대해 더 나쁘게 느낀다는 것을 보여주었다.

연구팀은 참가자들이 무엇을 느끼도록 지시받았는지와 그들이 실제로 무엇을 느꼈는지의 차이에서 나온 결과라고 믿고 있다. 공허한 진술을 반복하는 것은 그들이 이상적인 정신상태에서 얼마나 멀리 떨어져 있는지를 강조하는 데만 도움이 되었다. 모든 실습이 그들을 몇 배 더 실패한 것처럼 느끼게 했다.

자신감을 쌓을 때 사랑하는 사람이나 지지자들로부터 위대하다는 말을 반복적으로 듣는 것은 여러분이 행동하도록 격려하는 말만큼 자신감을 쌓는 데 효과적이지 않다는 것이다. 아버지가 나에게 주신 것처럼, 그것은 단지 한 가지의 제안일지도 모른다.

여러분의 지지자들은 여러분을 가장 많이 도울 수 있고, 여러분이 행동하도록 격려함으로써 여러분이 가장 믿고 지지하는 사람들을 도울 수 있다. 때로는 작은 자극이 필요할 수 있다.

◇ 자신감의 언어로 말하다

우리는 자신이 말하는 것을 의미화하고, 의미하는 것을 말한다. 누군가의 시간을 빼앗은 것에 대해 사과할 필요는 없다. 가치아이디어 또는 생각 또는 어떤 방식으로든 조치를 취하는 경우를 더하는 경우 그것을 받아들인다.

나는 내가 마주치는 모든 여성들특히 공공장소, 공항 등지에서이 실제로 "미안합니다"라고 말할 때 이렇게 말하는 모든 여성들에게 "그만하세요"라고 하고 싶다. 당신이 누군가에게 상처를 주었고 당신이 고쳐야 할 필요성이 없다면 사과하지 마라. 내 가방 좀 옮겨달라고 부탁해도 사과할 필요는 없다.

바바라 애니스 Barbara Annis 와 성지능연구소 Gender Intelligence Institute 의 팀은 우리에게 여성들이 남성들보다 말할 때 더 많은 설명문구를 사용한다고 말한다. 애니스의 연구에 따르면, 여성들은 또한 이야기 시간 등에 영향을 주고 논쟁을 하는 것을 선호하지만, 대부분의 남성들은 사실과 자료가 있는 지지적인 논쟁을 선호한다. 이것을 알고 있는 여성들은 여전히 자신의 말에 조금 더 주의를 기울일 수 있었고, 말을 통하여 가치를 창출할 수 있었으며 통찰력 감소를 막을 수 있었다.

◇ 나의 저널을 완성하라

자신감은 도전에 직면했을 때 자신의 능력을 인정하는 것에 관한 것이다. 당신의 성공적 순간을 인식하고 문서화하는 것은 공을 다른 이에게 돌리지 않고 당신 자신의 몫으로 하는 데 도움이 될 것이다. 이렇듯 도움을 강조하는 이유는 우리 대부분이 가면증후군 Imposter syndrome 이라고 불리는 심리를 갖고 있기 때문이다. 가면증후군은 성공이 자신의 노력 때문이 아니라 다른 사람이나 다른 상황의 결과라 여기는 증후군이다. 그것은 예기치 않은 장소에서 가장 의도적인 방법으로 나타날 수 있다.

나는 대형 반도체 제조 회사의 기조연설을 준비하는 과정에서, 그 회사의 인재육성 부문의 부사장이 조직적 정렬과 구성원몰입을 위한 길을 어떻게 만들었는지 들었던 것을 결코 잊지 못할 것이다. 그 부사장이 나를 소개하면서, 그녀는 거의 10분 동안 참가한 모든 사람에게 일일이 이름을 거명하면서 그들의 공로에 대해 무한 신뢰를 보냈다.

신뢰를 공유하는 것은 노력을 배가시키고 포용력 있게 이끄는 데 있어 필수적이다. 그러나 이 부사장으로부터 내가 경험했던 것은 내가 연설에 초청되었던 날 모든 사람들에게 그들의 리더십에 대해 신뢰를 표하는 것이었다. 그것은 진실성이 있는 것이었고 그 장소에 있는 모든 사람들에 대한 진정한 감사의 표시였다. 그것은 또한 자만심이 아닌 겸손과 집중력이었다.

기록을 활용하는 것은 가면증후군을 누그러뜨리고 당신을 성공으로 이끄는 좋은 방법이다. 당신에겐 비전이 있고 그를 위해 특정한 행동을 취했다. 그에 따른 결과는 대체로 당신의 공 덕분이었다. 그것을 긍정적인 수양이라고 한다. 해결한 문제와 해결책이 어떤 영향을 미쳤는지에 대해 적는다. 그 결과는 어땠을까? 또 어떤 아이디어들이 반짝였을까?

기억하라, 성공은 성공을 낳는다. 당신 자신의 자신감을 대체할 수 있는 것은 없다. 「7장」의 '가치모델value showcase'이라는 도구를 사용하라. 이것은 브랜드와 존재감뿐만 아니라 장애물에 대한 성과를 문서화할 때 활용할 수 있는 것이다.

다음 장에서 자신의 고유한 가치와 이것이 자신의 브랜드와 존재감에 어떤 영향을 미치는지 자세히 살펴보기로 한다. 자신의 우호적인 네트워크가 정확히 어떤 점에서 자신을 위대하게 만드는지에 대하여 알게 될 것이다.

7장

자신의 고유한
탁월함을 주장하기

"무엇을 하면 주목할 만한 가치가 있고, 측정 가능하며, 특출하고, 특색 있는 가치를 더할 수 있을까?"

20여 년 전, 톰 피터스는 패스트 컴퍼니 Fast Company 잡지의 기사에서 독자들에게 이런 질문을 했다. 여기에 해답이 있다. 열심히 일하려는 노력과 의지는 당신의 분야에서 당신을 차별화한다. 그러므로 이제는 좀 더 깊이, 좀 더 구체적으로 파고들 때다. 무엇이 당신을 멋있게 만드는가? 무엇이 당신을 독특하게 만드는가?

다시 말하자면, 당신의 고유한 가치가 무엇인지 그리고 당신의 브랜드를 받아들이는 사람들에게 이것이 어떻게 중요한지 어떻게 알릴 것인가? 다른 사람들이 어떻게 인지하는지 신경 쓰는 것도 필수적이다. 자신과 그들의 인식을 서로 일치시키는 것을 의미한다. 마지막으로, 사람들은 당신이 고유의 모습이 아닌 다른 사람처럼 되려고 노력한다면 쉽게 알아차리게 될 것이다. 진정한 자기 자신이 되는 것이 최고의 경쟁 우위다. 그러나 이 장애물은 여성들이 여전히 우리를 차별화시키는 것에 대해 '감추려 하고' 부끄러워하기 때문에 존재한다.

훌륭하고 정말 놀랍고, 뛰어나고, 특색 있는 가치를 가지고 있는 당신이 어떻게 하면 이 일에 몰입할 수 있는지, 그리고 그것을 편하게 취할 수 있는지 살펴보자.

◇ 고유한 능력을 발휘하라

『개인브랜드와 마케팅 Personal Branding and Marketing Yourself』의 저자인 리타 앨런 Rita Balian Allen 은 자신의 브랜드를 정의하고 확인하는 첫 번째 단계가 자기 진단이라고 주장한다. 그녀는 자신의 강점과 개발을 위한 영역, 필요 역량, 직업적 관심, 가치와 우선순위, 목표와 열망 등을 탐색할 것을 제안하고 있다. "다시 나 자신을 평가할 때인가?"라고 스스로 묻는다. 그렇다!

링키지사의 변환관리 프로그램에서 우리는 리더들에게 그들이 원하는 미래 모습 또는 가능한 것에 대한 비전 을 먼저 이해하고, 그다음에 그들의 현재 모습을 이해한 다음, 미래와 현재 모습의 차이 분석을 완료하라고 제안한다. 당신의 브랜드와 존재감을 확인할 때에도 이와 같은 과정을 적용할 수 있다. 가장 먼저 알아야 할 것은 자기 자신이라고 불리는 브랜드의 현재 모습, 즉 현실이다. 오늘은 어떠한가? 떠날 때 남길 유산은 무엇인가? 사람들이 당신을 어떻게 묘사하고 있는가? 당신의 브랜드의 현재 모습으로 다가가는 가장 최선의 방법은 당신을 아는 사람들에게 기대는 것이다.

이 활동은 미시간 대학의 경영대학원 교수진들에 의해 만들어진 '최고의 자기 성찰 연습'이라는 방법이 전체가 아닌 부분을 활용하는 데서 유래되었다.

과제는 다음과 같다. 당신을 아는 10명에게 당신을 묘사하는 세 가지 형용사를 물어보라. 부연하거나 예를 들거나 하지 마라. 그냥 그들이 당신을 떠올렸을 때 생각나는 형용사 세 개를 말하라고 한다. 필요하다면 간단한 리더십 개발 실습을 하고 있다는 것을 그들에게 알려라.

당신을 아는 사람과 믿는 사람들에게 물어봐라. 30단어를 받으면 주제별로 분류한다. 동의어가 많은 경우, 가장 좋아하는 단어를 선택하여 그룹화한 것에 의미를 부여한다. 파악하고자 하는 것은 자신이 현재 어떻게 보여지고 있는지를 특징짓는 것이다. 당신이 담담하면서도 평상심을 유지하기를 권장한다. 당신은 문자나 이메일을 통해 개별적으로 한 사람씩 물어보는 것을 원할 수 있다. 사람들이 바쁘니, 이렇게 쉽게 대답해 주고 싶을 것이다. 당신에 대한 그들의 인상, 인식 또는 경험을 가장 실제적인 방법으로 얻을 수 있길 바란다.

자각을 하는 리더의 진정한 본질은 우리 모두가 성숙하고 성장하는 과정에 있다는 것을 이해하는 것이다. 당신은 자신을 멋있게 만드는 특별하고 고유한 재능을 가지고 있다. 당신이 다른 사람들에게 어떻게 보이는지 궁금해질 필요가 있는 이유는 당신의 의도와 당신의 영향력 사이의 간격을 좁히는 데 필요한 근육을 연마하기 위함이다. 이 책에서 제시된 모든 활동들과 마찬가지로, 나는 이것을 여러 번 실천했다. 사람들이 보낸 단어의 예는 다음과 같다.

- 야망이 있는, 열정적인, 열렬한
- 추진력 있는, 겁 없는, 진실된
- 존재감 있는, 용기로운, 지혜로운
- 심오한, 열정적인, 지적인
- 목적지향적, 영감을 주는, 동정하는
- 야망이 있는, 생각에 잠긴, 지적인
- 생기가 넘치는, 영향력 있는, 카리스마적인
- 에너지, 솔직한, 분주한
- 접근 가능한, 차분한, 직관적인
- 현명한, 카리스마적인, 리더

"바쁘다"는 말은 잠시 접어두자. 알고 보니 내가 똑똑하고 추진력이 있는 사람으로 보여진다. 이 말들은 괜찮고, 그들이 확실히 나의 전문가로서의 여정에 도움을 주었다고 생각한다. 하지만 그들은 브랜드를 구별하거나 차별화하지 않고 나의 고유한 가치요소를 공감하지 않는다. 그러나 다른 분류 당연하고, 목적적이고, 열정적이고, 용기 있는 는 브랜드 차별화에 도움이 될 수 있는 단어들이며, 따라서 내가 어떻게 다른 사람들에게 고유한 가치를 제공할 수 있는지에 대한 단서들이다. 더 깊이 성찰하고, 나의 멘토로부터 검토한 단어들은 '에너지' 개념이었으며 이것이 브랜드를 규정하고 차별화시킬 것 같다고 결정한 것이었다.

　우리는 이 활동을 다양한 프로그램에 적용하는데, 여성들은 이것이 기분 좋게 눈을 뜨게 하는 활동이라고 한다. 이것은 결정적이거나 사실에 근거한 활동이 아니라, 자신이 현재 어떻게 다른 사람들에게 다가갈 수 있는지를 살피는 활동이다.

　유난히 듣기 좋았던 것은 무엇인가? 자신을 미소 짓게 만든 것은 무엇이었나? 당신은 어떤 것에 동의하며 고개를 끄덕이거나 충격을 받았는가? 이것은 다른 사람들이 당신을 어떻게 인식하는지를 엿볼 수 있는 것이다. 당신이 받은 단어들을 검토할 때 단계는 다음과 같다.

　무엇이 누락되었는가? 오늘날 직업적으로 당신이 있게 하는 데 도움을 주었다고 믿는 것이 있는가? 그러나 그것은 당신이 미래에 나타나기를 원하는 방식과 충돌할 수도 있다. 내 에너지를 통하여 내 주변에 있는 사람들이 좋은 느낌을 갖도록 해주기를 바라지만 그리고 나와 계속 어울리도록 동기부여를 했다 나는 '바쁘다'라는 말을 무시할 수 없었다. 몇 년 전에 마지막으로 이 활동을 했을 때 같은 말이 많이 도출되었고 눈에 띄면서 나를 아프게 한 말이 있었다. 그것은 당시 내 부하 직원으로부터 나온 것이었는데, 그녀가 나를 묘사하기 위해 선택한 세 단어 중 하나가 '서두름'이었다. 기분 좋은 말을 모두 무시하고 반대 의미를 불러일으킨 것에만 집중할 수 있는 것은 아니다.

그렇지만, "바쁘다"와 "서두르다"는 말은 가치를 증명하는 내가 넘어야 할 다른 장애물임을 암시한다.

    일에 대한 에너지와 열정은 너무 많은 것을 떠맡길 수도 있다. 따라서 이 활동에서 나온 행동 중 하나는 몇몇 신뢰할 수 있는 동료들이나 멘토들과 함께 선택하는 것이었다. 이것은 내가 '네'라고 말하고 싶을 때에도 '아니오'라고 더 말하고, '내가 하겠다'는 판에 박힌 말을 하는 것을 의미한다 「8장」에서 '질문하기'라는 장애물을 볼 때 더 많은 것을 알 수 있다. 너무 많이 떠맡으면, 그들을 위한 시간이 없는 것처럼 느낄 수도 있고, 심지어 더 나쁜 것은 내가 갑자기 방향을 바꾸면서 큰 문제가 다가오고 있음을 알아채게 내버려둔다는 것이다. 이 일은 내게 많은 문제를 가져다준다. 왜냐하면 누구나 그들에게 걱정을 끼치는 사람을 따라가고 싶지 않기 때문이다. 이건 리더십 여정의 한 단계에서 내가 해야 할 일이다. 그리고 매일 자신을 코칭하는 것이다. 속도를 늦추는 것과 관련이 있는데, 그것은 아무 노력 없이 자연스레 얻을 순 없는 것이다 내가 의도를 가지고 움직여야 하는 것이다.

    일단 30개의 단어를 받아보고 정리해 보면, 역시 없기를 바라는 단어가 한두 개 있을 수 있다 나에게는 "바쁘다"라는 단어처럼. 보고 싶어 하지 않는 단어들이 거기에 있는가? 당신이 미래에 원하는 가치를 드러내고 싶고, 다른 사람들이 당신에 대해 생각하고 있기를 바라는 방식이 있는가? 명료함에 관한 「4장」에서 했던 일을 되돌아보라. 이제 '선물 + 열정 + 가치 = 목적'이라는 공식에서 목적 전문가인 리처드 라이더가 제안한 활동을 다시 볼 수 있는 좋은 시간이 될 것이다. 다른 사람에게서 받은 단어에서 누락될 수 있는 내용을 보려면, 리처드의 활동에서 얻은 단어와 다른 사람에게서 받은 단어를 비교해 본다. 다른 사람들은 당신이 보이고 싶어하는 방식으로 당신을 보고 있는가? 당신은 목적 활동에서 얻은 선물이나 재능과 같은 당신의 일부를 억제하고 있는 것이 있는가? 어떻게 해서든 당신이 선택해야 할 첫 번째 순서는 당신의 탁월함을 아는 것이다. 당신은 많이 가지고 있다. 일단 알게 되면, 진정한 자신이 되는 것을 편안하게 느끼는 것이 중요하다.

◇ 진정한 자기 자신이 되는 것

로라는 다국적 기업의 25년 베테랑으로서 링키지사가 주관하는 글로벌 여성리더십콘퍼런스에 퍼실리테이션을 할 때 만났다. 그녀는 자기 회사의 법무팀의 선배리더로서, 최고 법률 고문 변호사 역시 여성를 상사로 모시고 있었다. 그룹 활동에서 로라는 조용한 편이었고, 키가 150센티미터 정도 됨에도 불구하고 다소 엄격하고 강한 존재감을 보였다. 그녀는 진지했고, 사색적이었다. 그녀가 큰소리로 말할 때, 그녀의 표현은 항상 통찰력이 있었고 모든 사람들은 그녀가 무슨 말을 하려는지 듣고 싶어 했다.

대기업에서 평생 경력을 쌓은 많은 여성들에게서 공통적으로 보이는 느낌이 그녀에게도 있었다. 또한 그녀에게는 보이지 않는 무언가가 있었다. 나의 직감으로, 로라는 직장에서 오랜 기간 숨겨온 것이 있었다. 나는 이 회사의 임원코칭과 컨설팅을 했기 때문에 콘퍼런스에서 만난 이후 이어 1년 동안에 몇 번은 로라와 마주쳤다. 그러나 우리가 만난 지 거의 2년이 된 어느 날 그녀가 갑자기 이메일을 보내서 통화할 시간을 정하자고 했을 때 깜짝 놀랐다. 로라는 "수잔, 링키지와 함께 했던 이후 거의 18개월의 깊은 성찰 끝에, 상사에게 내가 동성애자라고 말했어요. 아내와 나는 20년 만에 지난 주에 결혼했고 상사와 그것을 공유했어요! 남들로부터 평가받거나 받아들여지지 않을 것을 수십 년 동안 두려워한 끝에 자유롭다고 느꼈고, 이 사실을 당신이 알았으면 했어요. 이 두려움을 떨구고 이 사실을 당신과 공유하게 된 것을 나도 믿을 수가 없어요."

로라와 나누었던 감동적인 소식에 눈시울이 붉어졌다. 나는 로라가 동성애자일지도 모른다고 의심했었다. 그렇지만 그녀의 사생활에 대해 이야기할 기회가 전혀 없었다. 솔직히 내가 상관할 일이 아니기 때문이다. 그러나 로라가 얼마나 자유롭고 해방감을 느끼는지를 들을 수 있었기 때문에 너무나도 기뻤다. 그녀는 여전히 조용했고, 여전히 훌륭한 변호사였고, 이제는 직장에도 사랑스런 아내의 이야기를 가져올 수 있었다. 그녀는 매일 문을 닫고, 문을 닫았던 자신의 일부를 일터로 가져올 수 있었다. 직장에서 사생활의 일부를 공유하는 것이 왜 중요한지 궁금하다면, 당신이 가장 존경하는 사람 또는 최고였던 리더를 생각해 보라. 당신은 그들에 대해 개인적으로 얼마나 알고 있었는가? 그들은 당신에게 자기 자신에 대해, 그들이 무엇을 아끼는지, 누구를 사랑하는지에 대해 공유할 기회가 있을 수도 있고 그렇지 않을 수도 있다. 하지만 확실히 우리는 개인적인 것일 수도 있는 것을 공유하고 연결하려고 하는 사람들과 더 열심히 일할 용의가 있다. 사람들은 관심을 가져주거나 진정성을 보이는 사람들을 따르길 원한다. 중요한 것은 여러분이 다른 사람들과 더 많이 연결하는 데 도움을 줄 수 있다고 생각하는 여러분의 본 모습을 드러내는 것이다.

이 영향력 있는 대화가 있은 지 몇 달 후 다시 다른 프로젝트를 위해 회사를 방문했을 때, 로라가 지나가는 사람들에게 그 회사의 행사가 있는 주간에 전단지를 나눠주는 것을 보았다. 오늘날까지 로라를 만난 것에 대해, 그녀가 나에게 용기와 용감함에 대해 가르쳐준 것에 대해 감사하는 마음이 가득하다. 다만 그녀가 그 테이블에 앉아 있는 모습처럼 행복하고 진정한 그녀 자신의 모습을 일찍 경험했더라면 하는 바람만이 있을 뿐이다.

빌 조지 Bill George 는 그의 저서 『진정한 북쪽: 당신의 진정한 리더십을 발견하라 True North: Discover Your Authentic Leadership 』에서 우리 앞에 놓인 기회를 다음과 같이 설명한다. "나침반이 자기장을 가리키면, 당신의 진정한 북부는 당신을 내적 나침반의 목적지로 끌어당길 것이고, 당신의 리더십엔 진정성이 생기며, 사람들은 자연스럽게 당신과 연결되기를 원할 것이다. 비록 다른 사람들이 당신을 인도하거나 영향을 줄 수 있지만, 당신의 진실은 자신의 인생 이야기에서 나오는 것이고 오직 자기 자신만이 무엇이 되어야 하는지를 스스로 결정할 수 있다."

진정한 리더들은 주변의 사람들에게 진정한 자아를 드러낸다. 그들은 숨기지 않는다. 자신의 사생활에 대한 모든 세부사항이나 다른 사람들에게 적용되지 않을 수 있는 것을 모두 공유한다는 것을 의미하지는 않는다. 그것이 의미하는 것은 과거에 직면했거나 현재 직면하고 있을 수도 있는 문제들을 숨기지 않고 다른 사람들과 공유한다는 것이다. 그렇다면, 여러분은 어떻게 진정한 자신을 찾을 수 있을까? 종종, 자신의 진실함에 대한 단서들은 가장 큰 소속감 다른 사람들 주위에 완전히 있을 수 있는 능력, 완전하게 받아들여질 수 있는 능력, 심지어 기뻐할 수 있는 능력 을 발견했을 때 또는 그 반대가 사실일 때 당신이 받아들여지지 않았거나 완전히 거절당했거나 어떻게든 감지되었을 때 에 다른 사람들과 완전히 함께할 수 없거나, 자기 자신을 발견하는 상황으로 나타난다.

고유의 재능과 그 재능을 더 잘 이해할 수 있는 좋은 방법은 엄청나게 즐거웠던 조직 생활 중에서 서로 다른 세 번의 경험을 생각하는 것이다. 당신의 삶을 되돌아보았을 때, 돈을 바라지 않고 했던 일이었음에도 아주 흥겹고 즐거웠던 느낌은 들었던 때는 언제였는가? 이 순간들을 되돌아볼 때, 가장 좋은 방법은 여러분의 내적인 행복과 몰입, 그리고 그 행복의 외적인 표현과 몰입의 경험을 연결해 보는 것이다. 자신 스스로가 그것이 '몰입'이라고 말할 수밖에 없는 상황이다.

세 가지 예를 떠올릴 수 없다면 적어도 하나만이라도 찾는다. 만약 도움이 필요하다면, 당신을 알고 당신의 인생의 다른 단계에서 관찰한 가족이나 친구들과 대화하라. 일단 여러분이 마음속에 이런 순간이 있다면, 자신에게 물어보라. 누구와 함께했는가? 무엇을 하고 있었는가? 무슨 말을 하고 있었으며 얼마나 몰입하고 있었는가? 그것이 내게 무슨 의미가 있었는가?

자신의 진정한 자아가 개발될 수 있는 가능성은 이런 순간에 나타난다. 제약 상황이 없는 이 순간이 자신의 가장 진실한 부분인 것이다. 당신이 직장에서 누군가와 솔직하고 현실감을 느낄 수 있는 기회를 가졌던 때를 생각해 보라. 아마도 함께했던 그 사람들이 당신에게 대했던 것처럼 똑같이 그들에게 그렇게 했을 것이다. 나는 진정성 있는 관계를 경험한 것은 인생의 가장 위대한 선물 중 하나라고 믿는다.

이 테마를 이해하는 한 여성은 마이크로소프트사와 엑센츄어의 조인트벤처인 아바나데 Avanade 사의 글로벌 리더십 개발 책임자인 에이미 샤토 Amy Bladen Shatto 이다. 에이미는 바르셀로나에 있는 유럽 경영대학원과 협력하여 잠재력 높은 프로그램들을 위한 전략을 만들었다. 말할 필요도 없이 그녀는 여성들의 이동이 많은 분야에서 매일 많은 브랜드 상황을 접하고 있다. 그녀는 브랜드의 열쇠로 진실성을 강조한다.

에이미는 "리더십 개발을 촉진할 때 집중하는 한 가지는 항상 참가자들에게 개인적 자아를 문 앞에 두지 말라고 말하는 것"이라고 설명했다. "많은 보수적인 기업들이 '개인적인 면을 집에 놔두고, 일만을 가져오라'고 말한다." 나는 항상 그것을 가짜와 속임수로 본다. 나는 모든 자아와 모든 존재를 가져와서 무엇이 자신을 특별하게 만드는지 사람들이 볼 수 있게 해준다.

진정한 자신을 드러내지 못하거나, 본모습 중 일부를 직장에서 숨기고자 하는 태도는 사람들의 신뢰를 잃는 계기가 될 수도 있고, 마음을 열지 않았다는 비난을 받게 될 이유가 될지도 모른다. 이러한 일이 없더라도, 적어도 그들은 당신이 숨기고 있는 무엇인가가 있음을 감지할 것이다. 다시 한 번 말하지만, 이 세상에 있는 자신이라는 존재는 비판적 내면의 목소리를 마주하는 것과 숙달해야 한다. 그렇지 않으면 당신은 진정한 당신을 드러내지 못한 것에 대해 변명을 하고, "나는 단지 최선을 다했을 뿐이다"라고 스스로를 비난하는 당신의 모습을 발견하게 될 것이다.

◇ 자기 이미지의 전략적 활용

Linkage사에 입사하기 전 나의 동료이자 책임 컨설턴트이면서 코치인 마들린 유흐트 Madelyn Yucht는 이런 질문에 대해 깊이 연구했다. "경험, 전문성, 능력을 비교할 때, 왜 어떤 사람들은 더 많은 신뢰를 얻고, 더 많은 영향력을 가지는가? 다른 사람들은 아직 준비가 되지 않았다는 말을 계속 듣는 와중에도 어째서 어떤 사람들은 승진의 기회를 최우선으로 잡게 되는가?"

그녀의 연구는 사람들이 자신에 대한 인상을 바탕으로 반응하고 결정을 내린다는 사실을 지적했다. 마들린은 인상을 '다른 사람들이 인식하고 해석하고 있는 방식'으로 정의하고 있다. 그녀가 발견한 문제는 대부분의 사람들이 자신이 어떻게 인식되는지 깨닫지 못한다는 것이다. 그것은 하나의 바라보는 틀로써, 대부분의 사람들은 그들이 의도하지 않은 인상을 남기는 방식에서 결국 '기본 브랜드'로 종결짓는다는 것이다. 이러한 인상은 그들의 장점과 능력을 정확하게 반영하지 못한다.

자신의 인상과 관련하여 의도적이고 전략적인 생각은 필수적이다. 우리의 목표는 자신이 어떻게 나타나고 어떻게 인지되는지, 의도와 목표에 맞춰져 있는지 확인하는 것이다. 이러한 과정을 통해 개인에게 지침을 주기 위해, 마들린은 '전략적 인상관리 프레임워크'를 개발했다. 그것은 목표를 실현하기 위해 특정 청중으로부터 구체적인 반응을 이끌어내기 위한 계획적인 인상 개발에 근거를 둔 방법론이다. 전략 인상 관리 모델은 개인이 자신의 인생 목표를 지원하기 위해 인상을 적극적으로 선택하고 고양할 수 있도록 네 가지 핵심 차원을 제시한다. 전략적 인상 관리 프레임워크의 4가지 차원은 차별 독특함, 전달, 몸가짐, 옷차림이다.

전략적 차별은 "자신의 고유한 강점과 능력을 증명하여 '차별화된 영향력'을 인정받을 수 있는 능력"으로 정의된다. 이것이 본 장과 명확성에 관한 장「4장」에서 다룬 것이다.

전략적 전달은 "개인적 영향을 최적화하고, 가장 효과적인 방법으로 '전달'하는 방법이다." 전략적 전달에 관한 질문은 다음과 같다. "어떻게 전략적으로 신용, 영향력, 결과를 제공할 수 있을까?" 문화나 지리적 위치에 상관없이 여성 리더들과 함께 일하면서 발견한 것은 여성들이 업무의 질과 실행에 집중하는 경향성이 있다는 것이다. 우리가 해야 할 일은 업무의 질과 실행의 균형을 유지하면서 조직 내에서 수평적이고 수직적인 관계를 활용하고 개발하는 데 초점을 맞추는 것이다.

업무 질	실행	포지셔닝	수평/수직 관계
내용	훈련	가시성	경영진 관계
기록된 문서	조직	신뢰성	동료 관계
언어전달	회의효율	리더십	직원 관계
적시성	집중	태도	협력 기술
후속조치	계획		네트워크 기술
	프로젝트 관리		

* 관계구축의 중요성에 대해서는 「9장」에서 네트워킹을 위한 내용을 다룰 때 더 자세히 설명하겠다.

자신의 일을 능숙하게 수행하는 것만으로는 충분하지 않다. 자신의 역량과 가치를 다른 사람들에게 전달할 필요가 있다. 전략적 전달은 '가시성과 신뢰성을 증진'하는 방법이다.

전략적 옷차림은 "개인적인 용모를 최적화하는 것"에 관한 것이다. 우리는 자신이 불편함을 느끼는 방식으로 옷을 입는 것을 주장하지는 않지만, 자신의 신체적 외모가 어떻게 자신이 만든 인상에 영향을 미칠 수 있는지에 대해 몇 가지 중요한 질문을 할 것을 제안한다.

- 옷차림이 자신에 대해 뭐라고 말하는가? 옷차림이 어떤 인상을 준다고 생각하는가?
- 옷차림이 어떻게 자신을 차별화시키고 싶은지 보여주는가?
- 다른 사람이 어떻게 옷을 입고 있으며 그것이 매우 긍정적이거나 부정적인 생각을 하게 했는지 살펴본 적이 있는가? 당신은 그것이 어떻게 그 개인에게 도움이 되었다고 생각하는가?
- 옷차림과 전달은 어떻게 함께 작동하는가?
- 목표를 달성하고 자신을 위해 원하는 것을 관리 자신을 어떻게 구별하고자 하는지를 더 많이 전달하기 위해, 어떻게 옷을 입는 것을 선택할 것인가?

당신은 스스로를 이렇게 생각한다. "이것은 나의 진정한 자아다." 하지만 미팅에서 생각나는 대로 말하는 것은 방향에 명확성이 없거나, 선택에 자신이 없다는 인상을 남길 수 있다. 그들은 주제에 대해, 간결하게 제시된 아이디어를 좋아하고, 결정을 빨리 내리는 것을 선호하는 사람들이다. 당신의 차별화된 전달 스타일은 당신이 너무 많이 말하거나, 너무 많은 시간을 차지하거나, 당신의 영향을 알지 못한다는 인상을 남들에게 남긴다.

당신은 펑키한 옷을 입는 것이 가장 편안하다고 느낄지도 모르지만, 만약 보수적인 환경에서 일하는 고객을 방문한다면, 그들은 당신을 평가절하할 것이다. 여기서 전할 말은 당신이 어떻게 옷을 입고 싶은지는 스스로 항상 결정할 수 있다는 것이다. 하지만 사람들이 외모에 대해 판단한다는 것을 알아야 한다. 그들은 자신감, 전문성, 위상, 자기 관리에 대해 판단한다. 이 모든 요소들은 그들의 인상과 그에 따른 반응이다. 조정할 의무는 없지만 중요한 것은 옷차림은 중립이 아니라는 것을 이해하는 것이다. 당신의 목표는 독특한 자기다움과 상황에 적응하는 것 사이에서 균형을 잡는 것이다. 매들린이 제안한 또 다른 방법은 '옷차림'의 구성을 보는 것이다. 그것은 운동을 할 때는 그 운동에 적합한 옷을 입는 것과 같다. 당신은 하키복이나 수영복을 입고 골프나 테니스를 치러 가지 않을 것이다. 중요한 것은 어떤 스포츠를 하고 있는지 그리고 적절한 복장이 무엇인지를 알고 그렇게 보여주는 것이다.

전략적 행동은 개인적으로 어떻게 나타나는지, 사람들과 상호작용할 때 보고 경험하는 것, 태도, 자세, 행동, 매너, 언어, 표현 등을 말한다. 우리는 자신이 생각하는 것과 다른 사람들이 생각하는 것의 차이인 '몸가짐/태도'와 일치하는 것을 유지해야 한다. 다시 한 번 모든 장애물과 왜 장애물이 우리가 검토해야 하는 중요한지와 마찬가지로, 우리의 의도와 영향 사이의 간격을 좁히고 싶어 하기 때문에 다른 사람들을 받아들이고 원하는 것을 더 많이 얻을 수 있는 방법으로 나타나길 원한다.

흔하게 나타나는 행동 불일치	
자신이 생각하는 자신	다른 사람들이 생각하는 당신
자신감 있는	거만한
조심성이 있는	자신 없는
열정적인	남의 말을 듣지 않는
유연한	우유부단한
정직한	직설적인/무례한
힘이 센	엄격한
열정적인	비이성적인

자신이 만드는 인상에 대해 '전략적'이라는 개념이 자신의 진정한 자아와는 정반대라 생각할 수도 있지만, 사실은 전혀 그렇지 않다. 이 4가지 차원은 자신의 인상이 자신의 모든 것을 반영하고 자신의 의도가 일치하는 행동으로 나타나도록 하는 것이다. 의도하는 대로 사람들이 보지 않는다면, 우리의 진정한 자아는 실제로 숨겨져 있다고 주장할 수 있다. 그 이유를 들어보자. 자신만의 탁월함, 재능을 발견하고 주인의식을 가질 때, 그리고 자신의 놀라운 모습을 어떻게 펼치고 싶은지 아는 것이 더 편안해질수록, 자신에 대한 다른 사람들의 인식을 높이려는 시도보다는 위험을 감수한다. 여러분은 그 순간 자신의 생각과 감정을 통해 드러내어 생각하고 말하는 것이 가장 편안하다고 느낄지도 모른다.

벨라 할펀 Belle Linda Halpern 과 케이시 루바 Kathy Luba 는 그들의 책,
『리더십 존재 Leadership presence』에서 우리 자신과 다른 사람들에게
존재감을 개발시키고 영감을 주는 스킬을 소개하고 있다. 그들은 대
인관계 커뮤니케이션 스킬 교육 회사인 어리엘 그룹 The Ariel Group
을 공동 설립했다. 그 회사의 CEO인 션 카바나 Sean Kavannagh 와 그
의 동료들은 존재감을 개발시키기 위해 리더들에게 동기를 부여한
다. 션과 그의 동료들은 존재감을 바람직한 결과를 얻기 위해 사람
들의 머리와 가슴을 연결하는 능력이라고 정의한다. 또한 션은 우리
모두가 집중해야 할 네 가지 존재 요소를 'PRES Model™'이라고도
한다. 그것은 '존재감 being Present, 관심 보이기 Reaching out, 표현하기
being Express, 자신 알기 Self-knowing'를 포함한다. 션은 존재감을 "현
재의 완전한 모습을 드러내며, 당신이 누구와 교류하고 있는지에 초
점을 맞춘다"고 묘사한다. 그리고 무엇이 존재하지 않는지를 신속하
게 지적한다. "자신이 진짜 있는 곳 대신 자신의 마지막 회의나 다음
회의 또는 지금 일어나고 있는 것 이외의 다른 것을 생각해 보라."고
제안한다

션에 따르면, 관심 보이기는 다른 사람들이 그들이 있는 곳에 도
달하는 것에 관한 것이다. "이것은 상대방의 세계에 공감할 수 있는
능력을 필요로 한다." 언어, 은유, 이야기의 의도적인 사용은 '표현하
기'이다. 그는 "표현한다는 것은 자신의 메시지가 공감될 수 있도록
의사소통을 하는 것을 의미한다. 여기에는 음성, 언어, 억양이 포함
되며 여기서 해야 할 일은 서로 연결될 수 있도록 의사소통을 하는
것이다."

물론 표현은 조절될 필요가 있다. 1대1 대화와는 달리 큰 강당에 있는 사람들에게는 그 상황에 적합하도록 표현하게 될 것이다. 마치 마틴 루터 킹 주니어가 "나는 전략적인 계획이 있다"가 아니라 "나는 꿈이 있다"고 표현했던 것처럼.

PRES 모델의 마지막 부분은 비판적 내면의 목소리와 다른 숨겨진 장애물을 다루기 위해 필요한 자신을 아는 것에 관한 것이다. 자신을 아는 것과 존재감과의 연관성은 우리가 장애요소를 어떻게 마주하고 극복하는가에 의해 종종 명확해지는 것인데, 다른 사람들과 어떻게 연결되고 몰입하는 것인지를 통해서 알게 된다.

자신의 인생 이야기를 이해해야 하는 필요성과 브랜드, 존재감, 그리고 목적에 대한 중요성은 수년 동안 많은 사람들에 의해 회자되어 왔다. 워렌 베니스의 『리더가 되는 것』이라는 저서와 빌 조지의 『진정한 자신의 중심 찾기』라는 저서는 공히 자신이 지금까지 걸어온 길에 대해 생각하는 시간의 중요성을 이야기하고 있다. 빌 조지는 그것을 '당신의 삶의 여정'이라고 부른다. 워렌 베니스는 그것을 '중요한 순간'이라고 불렀다. 아리엘 그룹은 그것을 '생명의 강'이라고 부른다. 링키지사와 동료들, 그리고 나는 '리더십 타임라인'이라고 부른다. 이 모든 것은 같은 것을 발견하는 것을 목표로 한다. 그것은 인생의 전환점이 되었던 순간들, 도전적인 순간들이거나, 혹은 여러분이 자신에 대해 무엇을 의미하는지 배운 순간들이다.

인생에서 진정으로 원하는 것이 무엇인지에 대한 여정을 만들어 가는 것처럼 여러분의 이야기를 알고 무엇이 도움되는지를 이해하는 것에 의미가 있다. 션은 한 가지 흥미로운 활동을 제안하는데, 자신의 사망기사^{부고}를 쓰는 것이다. 무엇 때문에 기억되고 싶은가? 당신이 가장 자랑스러워 하는 것은 무엇인가? 이 질문을 통하여 당신의 삶의 모험과 당신의 기여도가 어떠하였는지를 볼 때 당신에게 도움이 될 것이다.

■ 사례연구

메드트로닉(Medtronic)의
크리스티 로버츠(Kristy Roberts)의 사례

의료기기 제조업계 선두주자로서 메드트로닉의 목표는 직장에서의 양성평등과 사람들이 잠재력을 최대한 발휘하는 것이다.

리더십의 중심에 있는 한 여성은 크리스티 로버츠인데, 그녀는 2천억 원의 매출을 책임을 지고 8명의 지역 관리자와 100여 명의 영업사원을 현장에서 관리하고 있다.

브랜드와 존재감을 최우선으로 한 메드트로닉은 95명의 여성들을 링키지의 2017년 리더십 콘퍼런스에 참가하여 경력개발을 위해 매우 중요한 역할인 감성지능과 자기인식을 경험하였다. 그녀는 어떻게 했는지 다음과 같이 묘사한다.

"항상 내가 경계해야 할 것은 감정적으로 반응하는 나의 성향이다. 나는 매우 열정적이고 이 열정은 때때로 지나치게 감정적인 것으로 해석될 수 있다. 그래서 나는 그것을 지켜볼 필요가 있다.

전반적으로, 대부분의 사람들은 조직에서 어떻게 알려지기를 원하는지에 대해 생각하지 않는다. 여성들은 다른 사람들을 돌보느라 너무 바쁜 나머지 그들이 어떻게 알려지기를 원하는지, 그리고 그들의 개인적인 브랜드가 무엇인지에 대해 의도적으로 찾지 않았다. 적어도 나와 함께 일하는 여성들, 모든 영업사원에게 해당되는 말이었다. 그러나 이들은 높은 수익을 올리고 성취 지향적인 영업담당들이다. 그들은 재무적인 성과를 올리는 사람들이다. 그들 중 4분의 1을 놓치는 순간 그 브랜드는 추락한다. 나는 항상 사람들에게 결과보다 더 많은 것을 바탕으로 그들의 브랜드를 구축하라고 말해왔다. 어떻게 그 결과를 달성하고 있는가? 조직에 어떤 다른 가치를 가져다주는가? 성과를 위해 열심히 일하는 그들에게 경의를 표한다. 이 여성들은 믿을 수 없을 정도로 서로를 지지한다. 그들이 공유하고 있는 강한 유대감이 있다. 이것은 중요한 역할인데 의료기기 산업에 종사하는 여성은 의외로 그러한 유대감이 적다. 유대감을 만드는 사람들은 정말로 성취감이 높은 여성이다. 많은 여성들은 여전히 집안일의 2/3를 하고, 육아의 2/3를 담당한다.

아주 자주, 나도 내가 하고 있는 일들이 내 브랜드를 향상시키는 것인지 아니면 내 가치를 높이는 것인지 묻는다. 이것은 의미 있는 프로젝트인가, 바쁜 작업인가, 아니면 내가 내 브랜드를 전달하는 데 도움이 될 만한 무엇인가? 여성들은 좀 더 세밀함을 추구하는 경향이 있는데, 그것은 좋은 일이다. 세밀함을 추구하는 것의 부정적인 면이 있지만, 우리는 또한 큰 그림을 볼 수 있어야 하고 전략적인 사고가로 보여져야 한다. 나는 우리 회사의 여성들에게 그들 자신의 브랜드를 관리하는 방법에 대해 코칭 한다. 이것은 생각하기에 나쁜 것이 아닐 뿐만 아니라, 우리가 이루고자 하는 것을 실현시키고자 하는 것이 시급한 과제이다."

◇ 자신의 성과를 내라

실행한 커다란 업적 중 일부를 기록하고 자신의 공을 알릴 때가 왔다. 첫 번째 단계는 자신의 기여를 정리해보라는 것이다. 여성 리더들과 함께 일할 때, 내가 제안하는 두 가지 실제 도구가 있는데, 그것은 그들이 그들의 모습에 대한 구체적인 내용을 파악하고 믿음을 가질 수 있도록 해준다. 이 도구 이것은 다른 사람들과 공유하도록 설계될 수 있음 는 바로 자신의 '경험 지도'이다. 나는 도요타 금융 서비스 분야에 일하고 있는 사브린 딜런 Sabreen Dhillon 을 링키지의 GILD에서 만났다. 첫 번째 토론에서, 우리는 사브린이 약간의 브랜딩 문제를 가지고 있다는 것을 알았다. 사브린이 지금까지 자신의 경력에서 성취한 것과 사람들이 그녀에 대해 알고 있는 것 사이에는 차이가 있었다. 나는 그녀가 자신의 경험에 대하여 바쁜 경영진들을 위해 한 페이지짜리 그림으로 전달할 무언가를 만들 것을 제안했다. 어떻게 보면, 이것은 사브린의 공개적이고 전문적인 그녀의 리더십 라이프라인이었다. 사브린은 아주 멋지고 대단히 설득력 있는 이미지를 가지고 내게 돌아왔으며 이를 내가 다른 사람들과 공유하는 것에 동의하였다. 당신의 경험지도는 이력서가 아니라 당신이 한 일에 대해 다른 사람들이 확실히 알고 싶어하는 것을 보여주는 좋은 신뢰지도를 만드는 것이다. 자신을 위해 직접 디자인해보는 것을 추천한다.

당신의 열정, 업무 경험, 그리고 당신이 다른 사람들로부터 받은 유용한 형용사에 대한 당신의 모든 생각을 활용한 제2의 도구는 '가치 진열장'이다. 이것은 어떻게 전문적으로 가치를 더하는지 혹은 '당신이 가져온 것'을 철자화하는 것을 목표로 하고 있으며, 당신의 시각만을 위한 것이다. 당신의 차별화에 대해 알쏭달쏭함을 느낄 때에는, 확실히 중요한 네트워킹 기회와 채용 면접 전에 이 문서에서 도움이 될 만한 것들을 도출할 수 있다. 가치 진열장에 대해 당신을 독특하게 만드는 것에 기반을 둔 직접 만든 동호회 모임이라고 생각해 보라. 이력서가 당신이 한 모든 일을 상세히 기술할 수도 있지만, 무엇을 떳떳이 인정받을 수 있는지에 대해서는 다른 방식의 접근이 필요하다. 여기 가치 진열장에 들어갈 수 있는 몇 가지 요소의 샘플과 모든 요소를 캡처하는 방법에 대한 양식이 있다. 이것은 자신을 서면으로 자랑할 수 있는 기회다. 자신의 비판적 내면의 목소리보다 한발 앞서 있을 수 있도록, 자신이 포착한 고유한 가치가 담긴 예시를 스스로 들어라.

◇ 자신의 의도와 영향력

　당신은 단지 한 명의 신뢰할 수 있는 조언자가 아니라, 가치 있는 소수의 사람들에게 도움을 구해야 한다. 이런 것들이 리쳐드 라이더가 말하는 현명한 어른들 또는 현명한 젊은이들 당신이 믿는 사람들, 그리고 당신에 대한 진실을 말할 수 있는 사람들, 어느 정도의 인생 경험을 가지고 있는 사람들, 당신 자신의 삶을 초월하여 경험하거나, 조금 덜 살았으면서, 아마도 다른 렌즈를 통해 세상을 볼 수 있는 사람들일 것이다. 그들을 뭐라고 부르든 간에 개인 자문 위원회, 신뢰할 수 있는 조언자, 지혜 협의회 여러분에 대해 상담할 수 있는 몇몇 사람들의 이름을 선택하기 위해 잠시 시간을 내기를 권한다. 이 책을 통해 촉발된 어떤 생각들을 다른 사람들과 함께 검토하는 것은 분명 멋진 대화들이 될 것이다. 브랜드 및 존재감에 따라, 활동 중인 사람들을 택한다. 그들에게 당신의 가치 진열장을 보여주고 무엇을 더 하고 싶은지 그리고 어떻게 알려지기를 원하는지 공유하라. 그들이 당신이 원하는 것을 지지하기 위해, 당신이 하는 방법을 생각할 수 있는지, 아니면 생각이 나타나지 않는지를 그들에게 물어보라. 그럴 때 자신에게 부드럽게 대하라. 자신의 브랜드가 세상에 어떻게 나타나는지 그리고 자신의 존재가 의도된 대로 보이는지 시험해 볼 때 공감상태에 있기를 원할 것이다.

　먼저, 도움을 편하게 요청해야 할 것인데, 이것이 우리의 다음 장애물이다. 「8장」은 당신에게 '부탁하기'에 대하여 도움을 줄 것이다!

8장

원하는 것을
부탁하기

자신이 원하는 것을 요구하지 않는다면, 원하는 것을 얻지 못한다고 해서 불평할 수 있는가? 사실 나는 가끔 이 악순환의 고리에 빠질 때가 있다. 생각보다 더 자주 빠질 수도 있다. 대부분은 거부당하고 싶지 않거나, 나의 '요구'가 이기적인 것으로 받아들여질까 봐 걱정되거나, 그냥 혼자 하는 게 그 당시에는 더 쉬워 보였기 때문이다.

　대다수의 사람처럼 집이나 직장에서 원하는 것을 잘 부탁하지 않았다 심지어 필요한 것조차도. 결국엔 모두가 짜증이 나던지, 완전히 지치든지, 아니면 그 중간 어디쯤에서 결론이 나고 말았다. 그래서 최근에 원하는 것을 일찍, 그리고 자주 요구하는 스킬을 연습하기 시작했다. 원하는 것을 항상 얻는 것은 아니지만, 요청한 것에 대해서는 그만한 보상이 있었다. 그중 가장 작은 보상은 필요한 것이 무엇인지 당연히 알 것으로 생각했던 주위 사람들에게 덜 짜증이 난다는 것이다. 그 사람들도 훨씬 편해졌을 것이라 장담한다. 원하는 것을 일일이 추측할 필요도 없고 원하는 것을 얻지 못해서 짜증이 날까 봐 일을 두 번이나 할 필요가 없어졌다.

최근 동료에게 이상적이지 못한 반응을 보인 적이 있었다. 회의 시작 전에 받고 싶었던 자료가 있었는데, 그 동료가 주지 않았기 때문이다. 이것은 우리가 명확하지 않을 때, 그리고 필요로 하고 원하는 것을 요구하지 않을 때 발생하는 위험이다. 실망감은 중요한 관계에 의도하지 않은 부정적인 영향을 미칠 수 있다.

자녀, 회사, 가족을 대신해 그들 편에서 말하기도 하지만, 여전히 자신을 위한 협상은 힘겨워한다. 여기서 감지할 수 있는 일정한 패턴은 승진을 하더라도 넘어야 할 장애물이 또 기다리고 있다는 것이다. 장애물을 넘으면서 알아채게느끼게 될 것은 이 장애물들을 극복하는 데 필요한 기술이 원하는 것을 더 잘 요구할 수 있도록 하는데 직접적으로 도움이 된다는 점이다.

명확함「4장」이 설정되었는가? 당신이 어떤 리더가 되고 싶은지, 자신이 속한 조직에서 어떻게 기여하고 싶은지, 강력한 비전을 가지면 자신이 원하는 것을 요구할 때 더 명확하게 할 수 있을 것이다. 현재 우리가 무엇을 원하고 필요로 하는지를 아는 것, 즉 일상생활을 더 쉽게 해주는 '아주 작은 요구'도 역시 중요하다. 만약 자신의 요구사항이 자신이 매우 신경 쓰는 어떤 것과 연관되어 있다면혹은 자신이 더 편해질 수 있는 어떤 것이라면 내면의 목소리를 내는 것을 포기할 가능성이 더 작을 것이다.

글로벌 금융 회사의 영업 팀에서 일하는 마리아를 예로 들어보자. 그녀의 꿈은 본사에서 일하는 것이다. 회사 경영을 더 잘 들여다볼 수 있고, 임원들과의 접근성도 좋으며, 다양한 업무를 배울 기회가 더 많기 때문이다. 그녀는 자신이 원하는 것과 그 이유에 대해서 아주 분명했다. 마리아는 자신이 원하는 것을 요구할 수 있는 방법을 찾고, 그것이 회사가 원하는 방향과 일치하는지도 확인해야 한다. 그녀는 자신의 가치「5장」를 알고 있으며, 자신의 이미지와 존재감「7장」을 구축하는 데 시간을 보냈다.

협상 테이블에 무엇을 올려야 할까? 자신만의 특별한 기술, 지식, 기여도를 명확히 표현할 수 있는가? 조직의 내·외부에서 자신의 요구 사항에 대한 가치를 입증하는 자료가 무엇인지 말할 수 있는가?

마리아 이야기를 다시 해보자. 10년 넘게 같은 회사의 현장에서 일해온 마리아는 회사 사무실을 떠나 '현장'에서 일하는 것이 어떤지 잘 알고 있었다. 그녀는 회사의 명시된 목표 중 하나가 비즈니스 프로세스를 간소화하는 것이라는 이야기를 듣고, 이 분야에서 자신의 강점을 적절한 이해당사자들에게 전달하였다. 이 예에서 마리아는 그녀가 원하는 것을 요구하기 전에 본사에 내가 갈만한 자리가 있는가? 자신에 대해 더 많은 정보를 공유 제가 그 자리에 관심이 있습니다! 할 필요가 있었다. 원하는 것을 요구하기 위해 그녀는 자신감을 드러내고, 자신이 그럴만한 자격이 있다고 느꼈다.

자신이 요구하는 것을 받을 자격이 있다고 확신하는가? 자신의 고유한 가치를 믿고 자신과 타인을 존중하는 마음에서 말을 할 때, 당신은 승리할 수 있다.

마리아는 스스로가 바로 '본사의 인재'이며, 자신이 받아들여 질만한 가치가 있다고 믿어야 했다. 그리고 본사 재배치 포지션에 지원하고 자신 있게 인터뷰했으며, 결국 합격했다. 마리아는 원하는 것을 요구하기 전에 자신이 무슨 일을 하고 있는지에 대한 정보를 약간 공유해야 했다. 그녀가 열심히 일한 대가로 원하던 자리의 면접을 보고 원하던 일을 당당히 요구할 수 있었다.

내가 공유하는 모든 사례와 마찬가지로, 코칭을 하고 있는 나조차도 모든 것을 완벽하게 실천하지 못한다. 다만 나는 원하는 것을 요구하기에 충분한 용기가 있고, 그것에 대해 잘 알고 있다. 나 자신이나 다른 누군가에게 대한 실망감을 피하는 것이 의미 있는 일이라면, 나는 진전이 있다고 할 수 있다. 순간의 선택과 스스로 매일 되짚어 생각해 보는 것으로 여정은 시작된다. 얼마나 완벽한가의 문제가 아니라 얼마만큼 개선되는지에 관한 문제이다.

많은 여성은 거절당할 것에 대한 두려움이 그들의 원하는 바에 영향을 미치기 때문에 요구하지 않을 것이다. 특히 승진 문제에서는 더더욱 그러하다. 안전을 원하는 것은 필요한 것에 대한 비판적 사고의 부족에서 비롯되었을지도 모른다. 자신의 요구 사항과 그것을 반대할 만한 사유에 관한 전략이 있다면, 더 실질적인 힘을 발휘할 수가 있다.

「6장」의 달린 슬로트 이야기를 기억하는가? 그녀가 요구했던 포지션을 구체적으로 계획하는데 2주가 주어졌고, 실제로는 더 좋은 기회로 이어졌다는 것 말이다. 임원은 그녀가 요구한 포지션을 배정하기 전에 그녀가 그 자리에서 어떤 일을 효과적으로 할 수 있을 것인지를 알고 싶어 했다. 달린은 상사의 추천에 심지어 고집까지 부리면서 대담하게 그의 사무실로 들어갔다. 그녀의 준비와 계획은 원하는 것을 이루어냈을 뿐만 아니라, 자신감을 폭발시켜 그 후에 더 많은 것을 요구할 수 있게 되었다. 단순히 질문만 한다고 되는 것이 아니다. 중요한 것은 자신이 원하는 것에 대해 긍정적인 답변을 확보하는 것이다.

도전적인 일이다. 바로 우리 여성들은 우리 자신을 위한 협상에 능숙하지 않기 때문이다. 그리고 이렇게 될 수밖에 없었던 것에는 우리 주변의 일부 시스템의 영향도 명백히 있다는 것이다. 경제학자인 린다 밥콕 Linda Babcock 이 실시한 카네기 멜론 대학의 연구에서는 여성들이 원하는 것을 단순히 요구하는 것이 아니라는 것을 발견했다. 연구 결과, 남성들은 여성들과 비교해 4배 정도 자주 급여 인상 요구를 하는 것으로 나타났다.

밥콕은 이 연구의 놀라운 결과를 더 활용해서 사라 래시버 Sara Laschever 와 함께 『여성은 어떻게 원하는 것을 얻는가』라는 책을 공동 집필했다. 더 높은 급여, 더 나은 직업 기회, 가정에서의 더 많은 도움 등, 여성들은 그들이 당연히 얻을 수 있는 것들을 누리지 못하고 있는데, 그 이유는 바로 여성들이 요구하지 않기 때문이라는 내용이다. 이 책은 직장 및 가정에서의 성 역할이 어떻게 구분되어 있는지 조사했는데, 밥콕은 이에 대한 자신의 경험을 공유했다.

"나는 몇 년 전, 남자 대학원생들은 강의를 많이 맡아서 하는데, 왜 여학생들은 조교 역할로 밀려나는 경우가 많은지 그 이유에 대해 학장에게 물어본 적이 있다. 학장의 대답은 간단했다. '남학생들이 여학생들보다 더 많이 요구하니까.'라고 했다. 국립 과학 재단의 보조금을 조사하는 과정에서 나는 그것이 사실이라는 것을 알게 되었다. 여성들은 요구하지 않는다."

온라인 채용 사이트 글래스도어가 최근 발표한 설문조사에 따르면 "여성은 같은 직무에 있는 남성보다 덜 협상한다. 여성의 68%가 제시된 임금을 협상 없이 그대로 받으며, 이는 남성52% 과 비교하면 16% 포인트 차이가 나는 것으로 나타났다." 또 다른 연구결과에 의하면, 여성의 30%만이 임금 협상을 하려고 하는 반면, 남성은 46%가 협상을 한다고 한다. 이러한 수치들을 고려했을 때, 승진하려고 하는 일반적인 여성은 평생 20여억 원의 손해가 있다고 볼 수 있다.

나는 "어떤 조직에 강의하러 가서, '여성들이 임금 협상에서 더 많이 요구할 필요가 있다'고 강조한다면, 그 조직에서는 다시는 나를 부르지 않을지도 모른다"고 가끔 농담을 던지곤 한다. 하지만 그건 웃을 일이 아니다. 2017년 8월 현재 미국 통계국이 발표한 자료에 따르면, 여성의 수입이 남성보다 평균적으로 20% 적다고 한다. 세계경제포럼WEF 에 따르면 전 세계적으로 성별에 따른 임금 격차를 완전히 해소하려면 170년이 걸릴 것으로 보인다. 더 요구하는 것은 여성들 자신에게만 달린 일이 아니다. 몇몇 CEO들이 잘못된 임금 격차를 바로잡기 위해 하는 일은 고무적인 일이긴 하다 하지만 시간이 걸리는 일이다. 하지만 우리는 가만히 앉아서 기다리고 있을 수만은 없다. 우리가 이 장애물을 어떻게 넘을 것인지에 대해 깊이 생각하면서, 자신의 '요구하기'는 어떤 의미인지 집중적이면서도 폭넓게 생각해보라. 자신의 임금 협상에 적용할 수 있는 실용적인 지혜여야 할 것이다.

엄청난 반향으로 3판째 출판 중인 『YES를 이끌어내는 협상법펭귄, 2011년 』이라는 저서에서 공동 저자인 로저 피셔Roger Fisher, 윌리

엄 유리William Ury, 브루스 패튼Bruce Patton이 강조하는 것은 상호 이득 협상, 통합 협상이다. 협상하려는 양측 모두가 원하는 것을 얻게 되는 협상 전략을 찾는다. 즉, 서로의 말을 듣고, 양측이 공정하게 대하며, 가치를 높이기 위한 선택지를 탐구함으로써 공격적인 전술과 씁쓸한 양보에 의존하지 않고 YES를 이끌어 낼 수 있다는 것이다. 공동 저자인 윌리엄 유리는 현재 하버드 협상 프로그램의 공동 창시자로, 전쟁 예방에 관한 프로젝트를 지휘하고 있다. 세계 최고의 협상 전문가 중 한 명인 그의 과거 고객들은 포춘지 선정 500대 기업에 포함된 수십 개 회사들뿐만 아니라 백악관도 포함되어 있다. 이들이 YES나 NO라고 말하는 것은 나라 전체나 전 세계에 끔찍한 결과를 가져올 수도 있다.

이 책에서는 모든 상황에 적용할 수 있는 여섯 가지 협상 원칙을 설명한다 주방, 회의실, 전쟁 상황실 등, 어디든 자신이 있을 가능성이 있는 곳이라면 그 상황을 상상해 보라.

① 사람과 문제를 분리하라. 상대방이 하는 행동이나 말에는 그럴 만한 이유와 의견, 감정이 있다는 것을 잊지 말아라. 비난하려고 하지 말아라 가장 중요하다!.

② 입장이 아닌 이해관계에 집중하라. 상대방이 어떤 이해관계를 가졌는지 이해함으로써, 당신과 상대방 모두를 만족시킬 만한 공통분모를 찾을 수 있을 것이다.

③ 감정 관리를 배워라. 양측 모두에서 표현의 자유를 행사하라. 표현의 자유는 자동으로 안전지대와 신뢰를 구축한다.

④ 감사의 뜻을 표해라. 비록 특정한 부탁을 위한 것일지라도, 감사의 말과 행동은 동맹을 형성하게 한다. 상대방이 누군가의 어떤 노력에 감사함을 느낄 때, 곤경에서 벗어나기가 훨씬 쉽다.

⑤ 메시지를 긍정적으로 돌려라. 매우 간단한 일이다. 긍정적인 방식으로 의사
  소통하는 것은 비판이나 비난보다 YES를 이끌어내는 훨씬 효과적인 수단이
  다. 단체를 대신해서 말하는 대신 협상이 얼마나 격렬하냐에 따라 '집단의 협박'처럼
  느껴질 수 있음 자기 자신만을 대변한다.

⑥ 행동과 반응의 주기를 피해라. 협상 주짓수라는 협상 기술을 도입히기나, 반
  응을 거부함으로써 자동으로 조정을 피하는 것이다. '이해관계 확인, 상호 이
  익을 위한 대안 찾기, 객관적 기준을 사용하기' 등의 더 생산적인 협상 전략
  에 자신의 저항력을 집중시켜라.

◇ 신뢰 구축

　자신이 조종당하고 있다고 느끼는 것은 최악의 감정이다. 이런 일
은 대부분 상대방이 의식적으로 "나는 당신을 조종할 거야"라고 결
심했기 때문에 일어나지는 않는다. 상대방이 무언가를 원하고 있음
에도 불구하고, 그것에 대해 언급하지 않기 때문에 발생한다. 상대
방은 자신의 태도를 명확하게 표명하거나, 직접적으로 원하는 바를
요구한 적도 없다. 상대방이 나를 조종했다는 생각이 들어서 나의
비판적 내면의 목소리는 최악의 상태가 되었다. 마음속에서는 이런
생각이 들었다.
　"그가 당신을 비난한 이유가 단지 그 '의견' 때문인 건가? 몰래 자
신을 음해하고 조종한다고 생각하는 거야? 진짜 나쁜 사람이네!"
　"이런, 내가 직접적으로 말했다고 해서 내가 원하는 것을 얻으려

고 일부러 애쓰는 것처럼 보이진 않았겠지? 나는 정말 열심히 노력하는데도 아직은 능숙하게 요구하는 걸 잘하지 못하는 것 같아."

원하는 것을 요구하는 것과 관련이 있다고 해서 자신의 비판적 내면의 목소리가 혼란에 빠지는 이유는 무엇일까? 자신의 마음속에서는 원하는 것과 필요한 것이 무엇인지 아주 분명할 수도 있다. 만약 그렇다면, 의도 원하는 것을 요구하는 것 와 효과 때로는 주변 사람들이 조종한다고 생각하는 것 사이에는 왜 차이가 생기는 것일까? 아침에 일어나서 거울을 보고 "오늘, 나는 누군가를 조종할 거야"라며 스스로 다짐하는 주문을 외우는 사람은 없을 것이라고 장담한다. 당신도 대부분의 사람처럼 일어나기를 바라는 일, 해야 할 일, 진행해야 할 일, 탄력을 줄 일, 해결할 일, 시작할 일, 그만둘 일 등을 생각하면서 잠에서 깨어날 것이다.

자신의 의견에 대해서 명확한 태도를 보이는 것과
신뢰감을 주는 것은 서로 직접적인 관련이 있다.

신뢰감을 준다는 것의 정의는 "정직하고 진실하여 의지할 수 있다"는 것이다. 진실하다는 것은 생각과 감정을 정직하게 표현한다는 것이다. 자신을 명확하고 정직하게 표현하는 것은 개인의 능력이며, 이는 궁극적으로 YES를 이끌어내게 한다. 자신에 대한 다른 사람들의 신뢰도를 파악하려면, 그동안 자신이 그 사람들에게 얼마나 정직하고 자신의 모습을 그대로 보여주었는지 자문하면 된다.

희생하는 것은 이기는 전략이 아니다. 다른 사람들의 필요와 욕구가 자신의 것보다 우선시 되어야 한다거나, 다른 사람들이 자기 잇속만 차리는 사람으로 볼까 봐 원하는 것을 요구하지 않는 신념이 깊이 뿌리내리고 있는가? 자기희생은 과연 어떤 결과를 가져올 것인가? 잠시 하던 일을 멈추고 직장이나 가정에서 자신의 상황을 천천히 깊이 생각해보자. 분명히 요구할만한 일들이 있을 것이다.

첫 번째 단계는, 「4장」 명확성에서 다룬 것과 같이 자신이 원하는 것이 무엇인지를 명확히 하는 것이다. 예를 들어, 하루에 한 시간 동안 산책을 하거나 운동을 하거나, 일기를 쓰거나 책을 읽기를 원한다고 하자. 당신이 혼자 있고 싶은 시간은 한 시간이다. 한 시간 동안 아무도 당신을 방해하거나 간섭하지 않고, 당신은 다른 사람의 요구를 들어줄 일도 없으며, 감정을 달래줄 일도 없다. 한 시간을 가지는 일은 그리 어렵지 않다. 아마도 지금까지 당신은 다른 사람들을 위한 여러 가지 일들 때문에 그 한 시간을 가지는 게 불가능하다고 스스로 생각해왔을 것이다. 아이들이 엄마를 필요로 한다든지, 해야 할 집안일이 있다든지, 일이 너무 많다든지, 집이나 직장에서 사람들이 당신의 도움을 필요로 한다든지 하는 이유에서일 것이다. 이제 그런 핑계는 잠시 미루고, 절실하게 가지고 싶은 자신을 위한 그 한 시간을 생각해보자. 자, 누구에게 부탁해야 할까? 당신의 이상적인 시간이 오전 7시라고 가정해보자. 부탁해야 할 사람은 당신과 집을 공유하는 사람이 될 것이다. 신뢰를 쌓으려면 정직이 필수라고 했다. 한 시간을 부탁하면, 그 부탁을 받는 사람에게도 영향이 갈 것이다. 패턴에 변화가 생길 것이고, 당신의 부탁으로 인해 불편해질 수도 있다. 여기서 협상해야 할 대상이 배우자라고 해보자. 그 한 시간 동안 배우자는 아이들을 깨워서 학교에 데려다주어야 한다. 상대 방이 자신의 이익을 위해서 우리의 요구사항을 수용하도록 만들기 위해서 우리 자신을 왜곡시키면 신뢰 관계가 모호해지게 된다. 믿거나 말거나, 다른 사람들을 불편하게 하는 것은 괜찮다. 부탁한 일이 그만큼의 가치가 있고 부탁을 들어주는 사람의 호의를 갚을 수 있다면 말이다.

당신이 의도를 다음과 같이 전달한다면 위의 예처럼 간단한 부탁으로 배우자의 신뢰를 얻을 수 있을까?

"나 자신한테 신경을 좀 더 써야겠어. 그러려면 아침에 한 시간이 필요해. 아침 일과를 바꿔서 아이들을 챙기는 대신 7시부터 8시까지 운동, 일기 쓰기, 나한테 집중하고 싶어. 어떻게 생각해?"

방금 당신은 부탁했고, 무엇을 원하는지, 또 그 이유가 무엇인지도 말했다. 더 무엇을 하겠는가? 그렇다고 배우자 혹은 부탁을 받은 사람 가 꼭 부탁을 들어주거나 지지할 것이라는 이야기는 아니다. 당신이 부탁하면서 '명확'했다는 것을 의미한다. 우리의 필요 충족을 위해서 부탁할 때, 다른 사람도 우리에게 무엇인가를 부탁하게 될 수도 있는 것이다. 서로 보답하는 것도 괜찮고, 할 수 있는 일과 할 수 없는 일이 무엇인지 말해도 괜찮다. 요구사항 없이 원하는 것만 말해도 당신이 싫든 좋든 나는 7시에 나를 위한 시간을 가질 거야 혹은 너무 지나치게 일을 맡지 않아도 6시에 아이들이 입을 옷 준비해 놓고, 아침 식사 준비를 하고 가방을 챙겨둘게. 그러면 7시에 나는 내 시간을 가지고, 당신도 그리 불편하지 않을 거야 다른 사람을 조여 왔던 벨트 위에 구멍 하나를 뚫어주는 것과 같다. 쉬우면서도 어려운 일이다. 다른 사람들도 그렇게 하기를 바라던 행동일 수도 있고, 다른 사람 또한 당신이 들어줄 수 있는 간절한 부탁이 있을 수도 있다.

다른 사람들의 비위를 맞추려고 하는 나의 성향을 이해함으로써, 조종한다는 느낌을 약간은 명확하게 바꿀 수 있었다. 내가 원하는 것이 있고, 그것이 다른 사람에게 영향을 준다는 것을 알게 되었을 때, 예상되는 장애물을 제거하거나, 그 장애물을 넘기 위해 노력하는 행동은 다른 사람들이 당신에 대해 가진 신뢰의 정도에 영향을 미치게 된다.

신뢰를 쌓는다는 것은 명확한 경계가 필요하다. 내가 좋아하는 브렌 브라운의 경계에 대한 정의는 다음과 같다. "경계란 단순히 당신이 허용 가능한 것과 불가능한 것의 구분이다." 솔직히 말하면 나 자신도 그렇지만, 여성들은 다른 사람들의 말에 묵묵히 따르는 경우가 있다. 마음속에서는 "괜찮지 않아"라고 말하면서 말이다.

원하는 것을 요구하는 이 장애물을 성공적으로 넘는다면, 그다음 할 일은 무엇이 괜찮은 것과 괜찮지 않은 것을 구분하는 기술을 연마하는 것이다. 괜찮은 일과 그렇지 않은 일을 알고, 그에 따라 행동한다면, 신뢰는 여러 방법으로 알아서 자리 잡게 된다. 명료함과 그에 따라 행동할 용기는 우리가 원하는 것과 원치 않는 것, 필요한 것, 우리의 태도 사이에 일치성이 있다는 것을 의미한다. 결국, 정직성에 있어서 주위 사람들의 신뢰를 얻을 수 있다는 말이다. "그녀가 진짜로 원하는 것은 무엇인가?" "대체 뭘 하려고 저러는 거지" 등 의도를 추측할 필요가 없기 때문이다. 브렌은 우리의 열정과 경계를 바꾸면 안 된다고 상기시킨다.

그녀는 "우리는 모든 사람이 우리를 좋아하기를 원하며, 다른 사람들을 실망하게 하고 싶어 하지 않는다. 결국, 경계는 다른 사람들에게 친절하게 대하는 중요한 열쇠다. 어떤 것이 괜찮고 괜찮지 않은지에 대한 기준이 확실하면 마음을 제대로 쓸 수 있다."라고 했다.

부탁한다는 것은 자신에게 괜찮은 것과 괜찮지 않은 것이 무엇인지에 대해 생각한다는 것이다. 우리가 살아가면서 어떤 일을 부탁하든지 혹은 부탁받든지, 이 애매하고 불편한 자기 검증의 단계가 필요하다. 만약 이 단계를 생략한다면 굉장히 지치고 화가 나는 상황이 계속될 수도 있다는 위험을 감수해야 한다. 심지어 대체 무엇을 원하는지, 필요로 하는지 알지도 못하는 삶을 왜 사는지에 대해 의문이 들 수도 있다.

"아니요"라는 대답을 듣게 되면 비판적 내면의 목소리는 비상사태에 돌입하는가? 어렵게 한 부탁을 단호하게 거절하는 사람도 있고 정말? 이렇게 간단한 부탁을 거절했단 말이지? 멍청한 사람이네! 어쨌든 신경 쓰기 싫다고 잔소리를 하는 사람도 있다 그러게. 애초에 부탁하는 게 아니었어. 내 부탁이 별로 중요하지 않다는 말이지. 괜찮은 것과 괜찮지 않은 것에 관해 솔직해진다면 다른 사람들과 대화할 때 약간의 설명을 덧붙여야 할 수도 있다. 대화하기 전, 하는 도중, 대화 이후 마음이 약해질 수 있다. 만약 이것이 편해진다면 부탁하기라는 장애물은 더는 문제가 아닐 것이다. 어떤 장애물이든, 그것을 극복하려면 불편한 감정은 동반될 수밖에 없다. 원하는 것을 요구하는 근육을 단련시키는 것은 자신의 가치를 믿는 것에 달려있다. 내가 자신의 가치를 믿는 연습을 하기 시작하면서 뭔가 잘못되었다고 생각하면서도 모든 사람을 만족시키기 위해 내가 원하는 것을 참거나 상황을 왜곡하지 않는 대신 원하는 것을 직접적으로 표현하는 용기는 굉장히 커지게 되었다. 가치를 믿게 되었다면, 다음 목표는 주위 사람들에게 신뢰를 받는 것이다. 먼저 만족스런 수준에 대해 분명히 한 다음, 부탁한다면 그 과정에서 더 많은 사람의 신뢰를 얻게 될 것이다.

요구하기 근육을 단련시킴과 함께 용기를 내는 것, 부탁하기도 연습해야 한다.

■ 사례연구

야스민 데이비스,
협상의 주도권을 잡고 싶은 여성들 사례

야스민 데이비스 박사는 20여 년간 여성의 능력과 역량 개발을 위해 힘써왔다. 다문화 여성을 위한 리더십 교육기관을 설립했으며, 현재 매년 수백 명이 이곳에 입학 원서를 제출한다.

지원서에 있는 질문 중 '지금까지 겪은 직무상 가장 어려운 일은 무엇이었나?'라는 문항이 있다. 지원자의 95%가 박사학위 등 고학력자임에도 불구하고, 응답자의 99.9%가 '자신감 부족'이라

는 공통적인 답변을 내어놓았다.

자신에 대한 회의가 교육이나 성취로 사라지지 않는다는 것은 분명하다. 그것은 계속 자리 잡고 있다. 야스민은 그 이유가 "아무도 고민하지 않기 때문이다"라고 생각한다. 여성이 자기 회의에 대해 고민하지 않는다면, 자신이 원하는 것과 필요한 것이 무엇인지 명확하게 알고 부탁하는 일은 훨씬 더 어렵다.

야스민이 지금처럼 YES를 많이 끌어내기까지의 과정은 처음부터 쉬웠던 것은 아니다. 자신이 원하는 삶을 개척해나가고 싶었던 그녀는, '부탁하기'로 장애물을 극복해나갔다. 그 과정에서 배운 몇 가지 통찰을 공유하기로 한다.

최악의 상황을 겪고 바닥까지 내려가는 것은 명확성을 가져오기도 한다. 야스민은 희생자 역할을 그만두고 원하던 삶을 살고 싶었다. 모든 불평등에 몇 번이고 맞서 싸웠다.

"학대당하고, 우울증에 빠지고, 삶의 이유가 없다고 생각할 정도로 나의 삶은 바닥을 쳤다. 다시 일어서면서 나의 현실과 맞서야 했고, 신에게 기도하고 다른 사람들에게 도움을 요청해야 했다. 우리 대부분은 마치 통과의례처럼 우리를 시험하는 이 불 속을 지나, 우리가 가진 힘을 알고 반대편으로 나오게 된다. 지금 나는 여성의 역량 증진과 능력 개발을 위해 노력하는 삶을 살고 있다. 여성들을 믿음으로써 그들에게 필요한 부탁을 하고 원하는 삶을 누리도록 하는 것이다.

석사 과정에서 여성학을 공부하면서 실시한 연구 중에 그룹별로 한 전국적 조사가 있었다. '당신이 선택한 삶에 만족하십니까?'라는 질문이 있었고, 그 대답의 결과는 놀라우면서도 언짢았다. 많은 여성, 특히 내가 속한 라틴 문화의 여성들은 그들 자신의 행복이나 성취감을 위해서 사는 것이 아니라, 사회가 그들에게 기대하는 바대로 살고 있었다. 많은 여성이 가벼운 우울증 증상이 있었다. 다른 사람들의 기대에 따라 '착한 소녀'가 되고 '옳은 일'을 해야 했기 때문에 자신의 행복을 제쳐두었고, 자신의 행복을 위해서 사는 것은 이기적으로 느껴졌기 때문이었다. 자신을 돌보거나 자신감을 쌓지도 않았으며 제한된 믿음에서 벗어나 진정으로 원하고 누려야 마땅한 삶을 사는 것을 스스로 절대 허락하지 않았다.

여성들이 사회의 기대를 깨지 못하게 하고, 원하는 것을 말하지 못하게 하는 두 가지 원인이 있다. 그 요인들은 부정적인 고리를 강화한다.

①자신에 대한 자신감과 신념의 깊은 결여.
②완전히 소속되어 있다고 느끼지 못하는 조직적인 환경에서 자연스럽게 동화되는 방법을 알지 못함.

수년간 조직을 연구하고 여성 지도자들과 함께 일하면서 내린 결론은 대부분의 조직문화는 위계적이고 여성친화적이지 않으며

소통하고 협력하고 서로 연결되는 방식이 아니라는 것이다. 대부분의 여성은 조직의 게임즈맨십을 알지 못한다. 군대나 스포츠 패러다임에서 비롯한 것이기 때문이다. 게임의 규칙을 알지도 못하고 배운 적도 없다. 그 결과, 많은 여성이 조직의 계층구조 안에서 자신의 위치에 대한 명확성이 떨어지는 것은 자연스러운 일이다. 우리가 운영하는 리더십 프로그램의 진단을 통해 여성들이 인정받으려면 어떻게 해야 한다고 배웠는지 그 성장 배경을 살펴보았다. 항상 대다수의 대답은 '착한 소녀'가 되는 것이었다. 이제는 그 여성들에게 다른 사람들을 불편하게 하거나, 이기적이라는 평가를 받을 위험을 감수하고 원하는 것을 요구하라고 하고 있지 않은가? '착한 소녀'와는 완전히 상충하는 것이다. 그 결과, 많은 여성들이 내적 갈등과 양가감정에 빠지게 된다. 여성을 과소평가하는 기대는 유년기에 세워지고, 성인이 되어서 직장 생활을 하게 되면 이 차이는 바로 임금의 격차로 반영된다.

'임금 할당'이라는 유명한 실험이 있다. 6세 아이들에게 간단한 일을 하게 한 뒤 초콜릿으로 스스로 임금을 책정해 가져가도록 하는 것이다. 여자아이들은 계속해서 남자아이들에 비해 78% 더 적은 초콜릿을 가져갔다. 같은 실험이 중학교와 고등학교에서도 실시되었는데, 학교에서는 초콜릿 대신 현금으로 임금을 지불하게 했다. 역시 남학생이 여학생보다 더 많은 임금을 가져갔다. 이 실험은 자기 가치에 대한 값과 감정이 어렸을 때부터 형성된다는 것을 보여준다.

나는 여성들이 출신이나 배경과 상관없이 자신을 믿고 진실하며 원하는 것을 요구하는 방법을 배울 수 있다고 생각한다. 여성들만의 강점을 포용하는 것도 포함된다. 우리의 진정한 가치를 파악하면 어떤 일을 할 수 있는지 알 수 있다. 내가 자신을 믿고, 그 믿음을 행동으로 옮겼을 때, 비로소 내 삶은 변하기 시작했다. 대학원에 진학하고, 배우고, 성장하며, 때로는 남에게 기대는 것이 나의 자신감을 키우는 데 도움이 되었다. 쉽지는 않았지만, 지금의 내 모습을 형성하기까지 많은 도움이 되었다. 그 경험으로 인해 다른 여성들의 삶을 변화시키는 데 도움을 주고 싶다는 생각이 들었고 실제로 그로 인한 여성들의 변화를 목격했다! 그들은 믿을 수 없을 정도로 자신감 있는 리더가 되었다.

　자기애가 그 시작이다. 다른 사람들이 만들어 놓은 자신의 모습이라는 틀을 깨고 진정한 자기 자신으로 거듭나는 것이다. 세상에는 여성이라고 해서 하지 못할 일은 없다고 여성들 스스로가 느끼기를 바란다. 여성들이 원하는 일을 하지 않는다면, 그것은 그들이 하지 않기로 선택했기 때문이다. 선택의 문제다. 우리가 원하는 것을 선택하고 요구하는 것은 세상에서 가장 자유로운 일이다. 우리는 우리가 원하는 것, 바라는 삶, 되고 싶은 리더의 모습에 'YES'라고 말할 수 있다."

◇ 작은 것부터 시작하라

부탁하는 것을 꺼리는 여성들은 다음과 같은 이유 때문이라고 말한다.

- 거절당할까 봐
- 타인에게 불편을 끼치고 싶지 않아서
- 내가 가치가 없다고 생각할까 봐
- 내가 할 수 있을지 확신이 없어서
- 잘 안 될 것 같아서
- 나에게 그다지 중요하지 않아서
- 다른 사람들은 괜찮지만, 내가 요구하면 지장을 줄 것 같아서
- 실제로 부탁을 들어주면 현재 상황을 바꿔야 하는 것이 부담스러워서
- 내가 정말 원하는 것인지 확신할 수 없기 때문에 더 명확하게 하고 싶어서
- 다른 사람들을 화나게 하고, 질투하게 만들고, 앙심을 품게 하거나, 공격적인 반응을 보일까 봐, 상처를 주고, 불행하게 만들까 봐

이유는 더 많다. 원하는 바에 대해서 명확성도 없이 차선의 상황에서 행동해왔다는 것을 깨닫는 것보다 더 두려운 것은 바로 부탁하는 것이다. 여성들에게 원하는 바를 부탁하라고 코칭할 때, 그들이 작은 부탁부터 시작하는 것을 자주 보게 된다. 나는 이것을 '사소한 협상'이라고 칭한다. 사소한 협상에는 몇 가지 단계가 있다.

① 당신이 진심으로 믿는 것에 대한 부탁은 상대방의 시간, 지장, 불편을 약간 필요로 할 수 있다.

② 상대방은 당신을 신뢰하고, 당신의 잠재력에 대한 믿음이 있다.

③ 다시 말해, 서로의 이해관계가 별로 얽혀있지 않다. 실천만 하면 된다.

단순하지만 실제적인 예를 들어보자. 나와 아주 친한 친구 제니퍼의 이야기다. 남편과 나는 제니퍼와 그녀의 가족을 저녁 식사에 초대했다. 초대에 응한 그녀의 첫마디는 역시 예상한 대로, "뭘 가져갈까?"였다. 예전 같았으면, 이유가 뭐였든지 나는 "그냥 몸만 오면 돼!"라고 말했을 것이다. 하지만 나는 제니퍼가 어떻게든 빈손으로 오지는 않을 것이라는 걸 알았기 때문에 와인이나 꽃을 들고 오라고 하지 않고, 잠깐 동안 어떤 선물이 적합할지 생각했다. "그럼 디저트 가져올래?" 그녀의 대답은 "당연하지!"였다. 이것도 '사소한' 부탁이라고 할 수 있다. 나에게 정말 필요한 것이 무엇인지 생각하는 데까지 시간이 좀 걸리긴 했지만, 음식 준비를 하기 위해 힘들게 장을 보지 않아도 되었고, 내 친구도 나에게 꼭 필요한 도움을 줄 수 있었다. 바보 같은 예시처럼 보일 수도 있겠지만 내 입에서 "알았어, 아무것도 신경 쓰지 마!"라는 대답이 반사적으로 나오게 된다면 그것으로 인해 다른 사람을 도울 기회들이 얼마나 많은가 단순한 일일지라도 굉장한 도움이 될 수도 있다.

우리가 원하는 것을 요구하기 시작할 때, 다른 사람도 받아들이게 된다. 완벽을 추구하려고 하는 것은 겉치레이며 "알았어"라고 대답하는 것은 잘 연마된 갑옷과 같아서 다른 사람들을 들일 때 자신을 보호할 수 있다. 또한, 우리의 비판적 내면의 목소리가 "나 혼자 해결해야 해"라고 주절거리도록 놔두어서는 안 된다.

직장과 집에서 사소한 부탁부터 할 기회를 모색하라. 회의 시작 전 10분 정도 시간이 필요하다고 말할 수 있는가? 요구하라. 회의 시작 전에 화장실에 들를 시간이 없는가? 참지 말고 신장에 좋지 않다! 시작 전에 5분 정도 생리 현상을 위한 쉬는 시간이 필요하다고 말하라. 그래도 된다! 누군가에게 불편을 과감히 끼쳐라. 그리고 그 보상을 즐겨라!

◇ 큰 부탁을 하려면, 먼저 해야 할 일이 있다

배우자나 상사와 업무 일정을 재협의하거나, 임금 인상을 요구할 때, 심지어 업무를 바꾸게 되는 일이 생기더라도 미리 계획을 세워야 할 것이다. 앞서 언급한 『YES를 이끌어내는 협상법』에서 '객관적 기준'을 사용할 것을 제안하고 "당사자들의 패기가 아니라 문제의 지표에 집중하라"고 강조한다. 그리고 "특정한 문제에 대한 과학적 가치, 공정성, 효율성에 관한 기준을 많이 세울수록 현명하고 공정한 최종 결과에 도달할 가능성이 더 높다"고 주장한다. 당신이 상대방의 이익도 고려하기를 원하거나, 상대방과 서로의 '입장'에 대해 흥정하는 것을 삼가라고 한다. "협상에서의 기본적인 문제는 서로 상충하는 입장이 아니라, 당사자들의 요구, 욕망, 우려, 두려움 사이의 갈등에서 기인한다."라고 설명한다. 해야 할 일 중 가장 첫 번째는 미리 계획을 세우고 해야 할 일을 먼저 해야 한다는 것이다. 이를 위해 해야 할 두 가지 분명한 '과제'가 있다.

과제 #1: 객관적인 기준 찾기

요즘 많은 기업이 채택하고 있는 일과 생활의 유연성과 가상 출근제도 등의 물결과는 반대로, 당신의 상사는 '얼굴도장 찍기/사무실에서만 일하기' 문화를 중시한다. 그런데도, 당신은 일주일에 하루를 집에서 일하기로 했다. 그로 인해 아주 많은 것들이 달라질 것이었기 때문이었다. 사실, 그것으로 오전 7시의 부탁 문제를 해결할 수 있다. 아이들과 함께 하는 일상을 놓치며 허둥지둥 준비해서 9시까지 출근하기 위해 서두르는 대신, 하루를 본격적으로 시작하기 전, 혼자만의 시간을 즐길 수 있기 때문이다!

당신은 이것이 당신에게 아주 중요한 것이라는 결론에 도달해서 아주 흥분하고 있으며, 상사와 시간을 조율하고 부탁하려고 한다. 회사에 이렇게 '특별한' 일정으로 근무하는 사람이 있다면 도움이 될 것이다. 혹시 모른다면 여기저기 물어보아라. 선례가 있다면 한두 명과 연락해서 어떤 조건으로 협상이 이루어졌으며, 어떻게 해야 유리할 것인지 조언을 구하라. 당신의 요구사항과 같은 선례가 있는가? 내부에 그런 선례가 없다면, 비슷한 케이스를 적용한 다른 조직을 알고 있는가? 직원과 그런 계약을 승인한 몇몇 회사들 중 이상적으로는 상사가 높이 평가하는 회사 중 에서 현재의 조직과 비슷한 회사의 예를 알고 있다면 도움이 될 것이다.

이 과제를 하려면 우선 자신의 부탁을 뒷받침하는 객관적인 데이터를 확보해야 한다. 조사하고, 물어봐야 한다. 허용 기준을 보여주는 객관적이고 방어 가능한 실존 데이터를 찾아라. 원하는 답을 얻을 수 있는 가장 설득력 있는 데이터를 찾았다면, 이제 과제 2번을 할 차례다.

과제 #2: 상대방의 관심사를 들여다보라

상대방의 입장에 서면 더 쉽게 YES를 이끌어낼 수 있다. 이 연습은 누구의 도움도 필요 없으며, 당신이 누군가에게 부탁할 때, 그 대화에 호기심이라는 요소를 더하는 데 도움이 된다. 아주 간단하다. 상대방의 관심사에 대해 생각해 보고 떠오르는 모든 것을 적어본다. 그들이 신경 쓰는 것과 소중하게 여기는 것은 무엇이며, 그들의 두려움, 바람, 걱정, 요구는 무엇인가? 가능하다면 자신을 상대방이라고 생각해 보아라. 말 그대로 그들처럼 생각하고, 주어를 '나'로 바꾸어 보아라. 자신이 상사의 입장이라고 상상해보아라. 상사의 자리에 앉아서 생각해보아라. "내가 신경 쓰는 것은 무엇인가? 나에게 소중한 것은 무엇인가? 나의 두려움, 걱정은 무엇이며, 내가 필요한 것은 무엇인가?"

뭐든지 상관없다. 그들의 관심사를 쭉 적어보아라. 이제 자신의 입장에서, 같은 질문을 하고 답변을 해 보도록 하자. 상충하는 요소가 있는가? 예를 들어, 당신의 상사는 공정성을 중시하는 사람이다.

팀원 중 누구도 집에서 일하지 않는다. 관심사가 일치하거나 비슷한가? 당신의 상사가 조직문화와 일하기 좋은 직장을 만들기 위해 애쓰는 사람인가? 당신도 중요하게 생각하는 사안이지 않은가?

이 두 가지 과제 연습을 완료하고 검토한 후, 다음 단계는 상대방의 관심사에 대해 가질 수 있는 질문 목록을 작성하고 당신의 요구에 대해 매우 구체적으로 설명하는 것이다. 객관적 기준에 대해 좀더 연구할 필요가 있다는 것을 깨닫게 될 수도 있고, 미리 계획한것이 상사의 관심사와 부합하지 않을 수도 있다. 계획을 세우고, 대화를 시작하기 전에, 누군가와 연습할 기회를 가지는 것이 좋다.

◇ 구체적으로 설명하고 생각을 정리하라

중요한 대화를 친구나 동료와 연습할 때, 상대방에게 다음의 기본요소가 포함되었는지를 확인해달라고 부탁하라. 요구하는 것에 대해 충분히 구체적이었는가? 상대방에게서 긍정적인 대답을 이끌어낼 수 있도록 대화의 프레임을 짰는가? 의심하지 않았는가? 상대방이 승낙할 수 있는 방식으로 프레임을 짰는가? 관대하고 신뢰가 있었는가? 자신의 가치에 기준을 두고 우월감이나 열등감을 가지지 않고 공감의 중심에서 솔직하게 대했는가?

한 친구가 나에게 들려준 이야기가 있다. 특별할 것 없는 이야기지만, 우리가 스스로 생각하는 것만큼 구체적이지 않다는 것을 보여주는 좋은 예이다.

"우리 부부는 매주 토요일마다 쓰레기를 매립지에 직접 내다 버리지 않고, 전문 수거 서비스를 이용하기로 했어. 그러면 다 될 줄 알았지. 비용도 별로 비싸지 않은 데다, 우리가 누릴 수 있는 작은 사치라고나 할까? 나랑 남편 중에 누가 쓰레기를 내놓을 것인지는 별로 문제가 되지 않았어. 다만 집안일을 가장 많이 하는 사람은 나거든. 아이들 픽업, 빨래하고 장보기는 다 내가 하는 일이라, 협상의 여지가 없었어. 게다가 우리 둘 다 풀타임으로 일을 하니까, 나는 쓰레기를 버리는 건 '당연히' 남편이 해야 할 일이라고 생각했어. 그런데 목요일 오전에 쓰레기를 수거하러 오는데, 그 전에 남편한테 꼭 알려줘야 했어. '있잖아, 내일 쓰레기 좀 내놓아 줄래?' 그러면 남편은 '응'이라고 대답을 했지만 매주 쓰레기를 차고에서 집 입구까지 내다 놓는 문제에 관해서 얘기해야 했어. 몇 달 동안이나 수요일 밤이면 쓰레기 내놓는 게 생각나서 남편한테 말하고, 목요일 아침에 또 말해야 했어. 쓰레기 수거 시간이 얼마 남지 않았는데도 남편은 뉴스를 보고 있었어. 그래서 오늘 쓰레기 내놓는 날이라고 남편한테 좋게 말했지. 그랬더니 남편은 약간 날 선 목소리로 '응, 안다고.'라고 대답했어. 그 순간 몇 주 동안이나 계속 반복해서 알려주어야만 했던 것에 대해 너무 화가 났고 이 문제에 대해 꼭 얘기해야겠다는 생각이 들었지. 특히 쓰레기 내놓는 문제에 대해서 말이야. 근데 그냥 말했다가는 싸움으로 번질까 봐, 잠깐 멈추고 이 부탁을 어떻게 해야 할지 내 입장을 분명하게 정리해야 했어. 불평을 늘어놓거나, 거슬리게 말하거나, 남편을 탓하는 것처럼 들리지 않게 나는 이렇게 말했어. '목요일 아침에 쓰레기를 내다 놓는 것을 항상 기억해 줄 순 없을까? 내가 다시 알려주지 않아도 되게 말이야.' 그의 대답을 듣고 깜짝 놀랐어. '응, 좋아. 난 당신이 나한테 상기시켜 주는 게 너무 싫더라. 내가 당연히 잊어버릴 거로 생각하는 거 같아서 말이지. 지금부터 시작이야. 앞으로 절대 나한테 상기시키지 말아줘. 어쨌든 목요일 아침에는 쓰레기가 마법처럼 사라져 있을 거야.' 나는 그가 은근히 비꼬는데 아무런 반응을 하지 않기로 했어. 솔직히 말해서 내 '잔소리'가 그렇게까지 짜증이 났을 거라고는 생각하지 못했기 때문이야."

　내 친구의 이야기를 공유하는 이유는 우리의 요구 사항에 대해 명확하지 않을 때 스스로 짜증이 날 수 있다고 말하고 싶어서다. 이 예시를 통해 매사를 자기 마음대로 하려는 사람의 특징을 살펴볼 수 있다. 기본적으로 자신이 통제권을 갖지 않으면 일이 안 될 것이라고 가정하는 것이다. 자신의 존재감을 확인하는 안전한 방법이기도 하지만, 주변 사람들을 화나게 할 뿐만 아니라, 혼자 너무 많은 일을 떠맡게 되기도 한다. 또한, 당신이 조종한다고 느끼게 한다. 음…… 이 상황을 해결하려면 교묘히 통제해야 할까, 아니면 노골적으로 조종해야 할까? 당신이 원하는 것을 요구하는 편이 더 쉽고 관계를 더 잘 유지할 수 있지 않을까?

　'사소한 부탁'을 위해 원하는 것이 무엇인지에 관해 잠시 생각해 볼 필요가 있다. 잠시 시간을 갖고 의식적으로 생각의 속도를 늦추는 것 내가 제니퍼와 통화할 때 그랬던 것처럼, 친구와 통화하는 동안 잠시 멈추는 것은 훌륭한 전략이다. 더 큰 부탁을 해야 할 때나, 좌절감이 계속

될 때 등 일이 더 커질 수 있는 상황에서는 상대방에게 요구하기 전에 더 긴 시간을 가지고 자신의 요구사항에 대해 아주 명확히 하는 것이 가장 좋다. 요청으로 위장한 불평은 아무도 듣고 싶어 하지 않는다.

아이들이 배고프다고 하면, 나는 "정말 안됐구나."라고 말한다. 아이들은 내가 다음에 무엇을 바라는지 안다. "간식을 먹어도 될까요?"라거나 "저녁은 언제 먹을 수 있어요? 배고파 죽겠단 말이에요!"라고 말하는 것이다. 즉, 자신의 비판적 내면의 목소리를 다스리는 것과 연관된 일이다. 상대방에게 짜증이 나거나, 상대방을 비판하려는 마음이 든다면, 당신이 아무리 바른말을 하더라도 상대방은 그 마음을 느낄 것이다. 기분이 나쁘거나, 별로 좋지 않거나, 수치스럽거나, 당황하거나, 부끄러울 때 하는 요구는 잘 받아들여지지 않을 것이다. 첫 번째 해야 할 일은 그 상황과 관련된 사람들을 중립의 상태에 두는 것이다. 그래야 자신의 요구를 명확히 전달할 수 있다.

당신이 원하는 것은 자신의 요구가 명확하며, 그 요구가 상대방에게 잘 전달되길 바라는 것이다. 요구하면서 상대방의 피드백을 원한다거나, 자신의 개인적인 지난 6개월간의 이야기를 하는 것이 아니다. 상대방이 그 이야기를 들으면서 느끼는 감정을 듣기도 원하지 않는다. 그냥 요구하라.

신경과학이 발달함에 따라 포유류의 두뇌는 성별의 차이 남성과 여성이 다르게 의사소통하는 것 에 따라 원하는 것을 요구하는 방법이 다르다는 사실을 재조명했다. 성별 이해 전문가인 바바라 애니스 Barbara Annis 와 그녀의 연구팀이 밝힌 배경은 다음과 같다.

- 의사소통할 때 더 많은 설명어를 사용한다.
- 듣는 사람이 주제의 세부적인 내용뿐만 아니라 전체 그림까지 확실히 이해하길 바라고, 이해했는지 확인하려고 한다. 문맥은 항상 중요하지 않은가?
- 사실이나 수치의 영역보다 자신이나 다른 사람들의 이야기를 통해서 의견을 전달하려는 경향이 있다.

이 세 가지 포인트 때문에 나는 여태까지 나와 대화한 남성들에 대해 다시 생각해보게 되었다. 크든 작든 내가 원하는 것에 대해 협상하기 전에 스스로 다짐하곤 한다. "요점을 짚자", "아주 자세하고 명확하게 요구하자"라고 말이다.

솔직히, 두 가지 다짐 모두 내가 살면서 여성들 동료나 친구들 에게 원하는 것을 얻는 데 도움이 될 수도 있다. 하지만 여성들은 내가 이야기를 해 주거나 상황의 문맥을 내 방식대로 맞추었을 때 더 인내하고 더 몰입하는 경우가 있다.

모든 사람이, 즉 남성과 여성 모두 그들의 의견을 묻는 것에 감사한다. 질문의 의도 중 하나는 상대방의 입장에 대해 신경 쓰고 그들이 어떻게 생각하는지에 관해 관심을 갖는 것이다. 무슨 일이 있어도, 부탁할 때는 꼭 구체적이고 명확해야 한다. 다른 사람들에게서 긍정적인 대답을 끌어내기 위한 부탁은 다른 사람들이 어떻게 듣는지 이해하고 연습하기 위한 호기심이 있어야 하는데, 이는 좋은 일이다. 왜냐하면, 부탁하기 연습은 네트워킹이라는 마지막 장애물을 극복하기 위해서는 꼭 필요한 일이기 때문이다. 이제 「9장」으로 넘어가 보자!

9장

관계를 쌓고
활용하기

네트워킹은 직업 지도와 지원, 자원 및 기술 개발에 관한 유용한 정보, 정서적 지원, 사업 의뢰와 같은 사업 관련 이익에 접근하기 위해 의도적으로 사람들을 만나고, 연락하고, 관계를 형성하는 과정이다. 그것은 상호 간의 신뢰와 가치를 쌓는다는 것을 의미한다. 당신의 네트워크에는 멘토, 코치, 업계 관계자, 현실주의자, 이상주의자, 비전론자, 연결자와 같이 도움이 될 만한 통찰력을 제공해주는 사람들이 포함되어 있을 것이다. 간단히 말해서, 네트워킹의 목표는 일과 개인의 성장을 목적으로 관계를 구축하고 다른 사람들과 연결하는 것이다.

　네트워킹은 당신뿐만 아니라 다른 사람들에게도 필수적이기 때문에, 다른 사람들 역시 당신의 재능을 믿고 홍보해 줄 수 있다. 줄리엣 메이어스 Juliette Mayers 는 그녀의 저서인 『전략적 네트워킹 가이드』에서 "누군가의 꿈을 이루는 데 필수적인 요소는 다른 사람들의 적극적인 지원과 참여"라고 말했다. 앞 장에서는 네트워크의 내부 순환이 개인의 이사회 또는 지혜의 위원회가 될 수 있다는 점에 주목했다. 당신이 생각하는 네트워크의 순서도가 아니다. 확실한 것은, 당신이 공유하고 배움을 나눌 관계가 확장하는 일이 자아 인식 연습과 승진의 장애물 극복에 필수적인 요소라는 것이다.

다른 장애물과 마찬가지로, 편하게 네트워크를 구축하는 것은 여성들만의 과제가 아니다. 하지만 네트워킹과 전략적 관계 구축에 대해 여성들만이 가지고 있는 특별한 딜레마가 있다. 바로 여성들은 대다수 권력자들에게 대한 접근성이 떨어진다는 것이다. 이것은 우리의 잘못이 아니지만, 이 장애물을 뛰어넘기 위해 훨씬 더 큰 노력이 필요하다. 성숙하고, 전문적이며, 멋진 여성들에게 그들의 회사에서 경영진들에게 대화를 나누자고 요청한 적이 있느냐고 물었을 때 그 눈빛을 기억한다. 내가 본 것은 멍한 시선이 아니라 순수한 두려움이었다.

"사람들은 그들의 개인적인 편안함을 넘어서는 것에 대한 깊은 두려움이 있다."라고 『흑인 여성들을 위한 네트워킹 가이드』의 저자 메이어스도 그에 동의했다. 메이어스는 안락 지대comfort zone 를 '안전하게 느끼는 것'이라고 정의하고, "관계 구축과 네트워킹 과정에는 거절에 대한 위험부담, 실패의 가능성이 내재되어 있다. 그 과정에서 에너지가 고갈되어버리는 사람도 있다."라고 지적했다.

그렇다면, 사람들을 만나겠다는 이유로 거절과 실패를 감수하려는 이유는 무엇일까? 개인적이거나 직업적인 목적을 위한 것일 수도 있다. 직업적으로는, 잘 형성된 네트워크를 통해 재능, 승진, 지혜, 전문지식, 정보에 접근할 수 있다. 개인적으로는, 신뢰할 수 있는 관계의 네트워크는 우정, 영감, 명료함, 지지 그리고 심지어 사랑까지도 얻을 수 있다.

만약 당신이 내성적인 사람이라면, 그래도 괜찮다는 것을 알길 바란다. 주변의 외향적인 사람들은 사람들과의 연결에서 에너지를 얻을 수도 있지만, 당신이 그렇지 못하다고 해서 다른 사람들과 보내는 시간을 계산적으로 접근할 필요는 없다. 우리는 모두 현명한 선택을 할 필요가 있다. 그래서 '네트워킹'이 그 정도로 힘든 일이 되어서는 안 된다. 또한, 많은 인원수를 생각만 해도 압도될 수 있는 대규모 그룹이나 큰 행사에서 네트워킹이 이루어질 필요도 없다. 네트워킹에 관한 생각의 틀을 바꾸어라. 네트워킹은 대규모의 사람들이 명찰을 달고 있는 행사에서만 이루어지는 활동일 필요는 없다. 모르는 사람들과 연결 활동을 할 시간, 장소, 대상, 방법을 전략적으로 정하면 된다. 아는 사람과의 깊은 유대감 형성을 위한 활동도 포함된다.

인시아드 INSEAD 가 2015년 '월가의 투자분석가들의 성별에 따른 성과 관계'를 조사한 결과, 남성은 여성보다 더 높은 수익률을 거두는 것으로 나타났다. 그 결과는 다음과 같은 분석으로 이어진다. "투자분석가의 성별과 상관없이 분석하는 회사와의 연관성은 남녀가 같다. 하지만 남성은 인맥을 통해 더 정확하게 수익 예측을 할 수 있고, 더 효과적인 주식 종목 추천을 할 수 있게 된다. 하지만 여성은 그렇지 않다. 이 연결로 인해 남성은 승진 등의 경력 성과를 크게 향상할 수 있지만, 여성의 경우는 그렇지 않다."

우리 여성들은 관계의 네트워크를 구축하는 것에 대해 더 많이 생각하고 노력할 필요가 있다.

네트워킹이 7대 장애물 중 하나로 분류되는 추가적인 이유는 나머지 6가지를 살펴보면 알 수 있다. 하나의 장애물을 뛰어넘으려면 다른 장애물도 넘는 연습이 필요하다. 네트워킹은 다른 모든 장애물에 대한 이해 약간의 연습을 하는 것이 이상적이긴 하다 를 충분히 했을 때, 성공적으로 넘을 수가 있다. 최고난도의 장애물이라고 할 수 있다. 생각해보자.

네트워킹에 대해 (시간을 낭비하는 일이라는) 확고한 생각이 있다.
먼저 넘어야 할 장애물: **편견**

주변 사람들과 어울리며 함께 시간을 보낼 때 스스로 무엇을 원하는지 명확히 알고 있어야 한다. (왜 귀찮게 하지?)
먼저 넘어야 할 장애물: **명확성**

너무 많은 일을 하는 것을 조금 내려놓고 네트워킹에 시간을 할애할 의사가 있는가? ("너무 바빠서 인맥 관리할 시간이 없어!")
먼저 넘어야 할 장애물: **자신의 가치 입증하기**

자기 생각과 감정을 분명히 표현할 수 있고, 자신의 지식과 재능을 다른 사람들에게 (내가 제공하는 일의 가치가 그 자체로 충분하지 않은가?)
먼저 넘어야 할 장애물: **존재감과 이미지 구축하기**

자신의 본 모습 그대로를 다른 사람들에게 보여 줄 수 있는가? (내가 있는 그대로의 모습을 보여주면 사람들이 나와 같이 어울리려고 할까?)

먼저 넘어야 할 장애물: **자신감 갖기**

자신의 인맥 중에서 필요한 사람에게 소개를 부탁한다거나, 조언, 지지를 부탁하거나, 시간을 할애해달라고 부탁할 수 있겠는가? (내가 무능력하다거나 약하다고 생각하면 어떡하지?)

먼저 넘어야 할 장애물: **부탁하기**

읽기, 생각하기 등 자신의 존재 가치를 알리고 장애물을 넘는 능력을 키우는 자발적 활동은 많은 기회로 이어진다. 어떠한 장애물과도 혼자 싸우고 싶지 않을 것이다. 신뢰하는 몇 사람과 함께 문제를 해결해 나가야 한다는 사실은 분명하며, 앞에서도 장마다 언급한 내용의 충고이기도 하다. 이 장애물과 함께 주어진 기회는 네트워킹할 때 전략적으로 인맥 구성을 하는 것 장애물에 직면할 때마다 상당한 도움이 될 것이다. 우리가 마음을 열고 연결의 마법을 믿는다면, 그것이 바로 선순환 고리의 시작점이다. 나눔과 받아들임의 결과는 친밀함이다. 친밀함은 시간과 자원, 감정을 나누는 것을 포함한다. 이때, 중립의 상태는 장애물을 뛰어넘을 수 있는 열쇠가 된다. 서로에게 이익이 되는 것을 떠나서, 가장 중요한 것은 혼자가 아니라는 사실을 느끼는 것이다. 오랫동안 혼자 있으면, 나오는 결과는 정신수

양 말고는 아무것도 없다. 다른 사람들도 당신과 마찬가지로 명확성을 추구하고, 이미지를 구축하고, 큰 부탁을 하려고 한다는 것을 아는 것도 도움이 될 것이다. 생각과 각자의 자원을 나누는 것이 어떤 결과를 가져올지는 아무도 모르지 않는가!

관계의 업그레이드를 위해서, 어쩌면 조금은 상처받는 것이 불가피할지도 모른다. 어떤 사람들은 다른 사람을 소개해달라는 부탁이 상처가 될 수도 있고, 또 어떤 사람들에게는 전혀 아닐 수도 있다. 어떤 것을 배우기를 바라는지 설명하는 일도, 발을 빼려고 하는 것도 어떤 사람들에게는 아무렇지도 않은 일일 수도 있다. 완벽해지려고 하는 겉모습은 벗어 던지고 자신의 본 모습을 드러내라.

지금껏 같이 일해왔던 대부분의 잠재력 있는 직장 여성들은 자신을 '네트워커'라고 생각하지 않는다. 대신, 사람을 좋아하고 사람들과 서로 알아가고, 연락하는 것을 좋아하는 사람이라고 생각한다. 네트워킹으로 여성들이 받을 수 있는 도움 중 가장 눈에 띄는 것은 구직 분야이다.

내 경우를 보면, 거의 25년의 경력 동안 거쳐왔던 직장은 헤드헌터를 통하거나 블라인드 전형을 통한 것이 아니라, 모두 누군가의 소개를 통해서 들어간 곳이었다 아는 사람의 아는 사람 등 몇 다리를 걸치기도 했다. 굉장히 효과가 좋은 방법이다! 나는 내 공적, 사적 인맥을 이용해서 내 능력을 찾는 과정이 즐거웠고, 두렵지 않았다. 아는 사람이 없으면 어떻게 재능을 찾냐고 반문할지도 모르겠다. 아직 수면으로 끌어올리지 않았을 뿐이다.

한 가지만 보면 열 가지를 안다고 했다. 우리가 다른 사람들에게 내미는 '손'은 우리가 어떤 사람인지를 대변한다. 네트워킹 다른 사람들과 만나고 연결되는 활동은 자신의 개인적인 브랜드를 위해서도 좋은 일이다. 자신을 성찰하게 한다. 자신이 누구이며, 다른 사람들이 자신에 대해 어떻게 생각하길 바라는가? 네트워킹을 통해 이 질문들에 대한 힌트를 얻을 수도 있다. 당신이 내린 답이 맞는지도 확인할 수 있다. 당신의 재능을 다른 사람들에게 나눠 줄 수 있는 것 또한 큰 기쁨이 될 수 있다.

믿기 어렵겠지만, 프레디맥에서 다양성과 포용성 분야를 담당하고 있는 임원인 스테파니 로에머 Stephanie Roemer 는 수년간 네트워킹을 하지 않았다. 하지만 그녀는 배움의 기회가 있다면 여성이 참여해야 한다고 말한다. 인맥을 쌓을 수 있다는 것도 이유의 일부분이다. 그녀는 집안에서 대학을 가고, 직업의 세계에 뛰어든 첫 번째 세대의 여성이다.

"내가 어떤 것을 선택할 수 있는지 몰랐어요"라고 스테파니는 말한다. "사회생활을 시작한 지 얼마 되지 않았을 때는 가정을 이루고 있지 않기 때문에 정말 열심히 일만 했어요. 제 가치를 입증하고 핵심 인재가 되기 위한 것이었죠. 결국 그렇게 되긴 했어요."

"저는 프레디맥에서 17년 동안 근무했습니다. 처음 1년은 계약직으로 시작해서 풀타임 정규직으로 전환되었죠. 1년이 채 지나지 않아 매니저로 승진했습니다. 마음은 있었지만, 네트워킹을 하지도 않았고, 네트워킹이 왜 중요한지도 이해하지 못했죠. 매니저 자리에 계속 있다가 인사팀과 다양성팀으로 가게 되었습니다. 12년간 매니저

자리를 고수했습니다.

대학을 졸업한 지 3년 차가 되었을 때, 두 명의 임원이 저를 코칭해주려고 했습니다. 그는 네트워킹과 부탁하기의 중요성을 이해하고 있었지만, 저는 아니었습니다. 우리는 인맥 활동의 이유와 방법에 있어서 상반된 경험을 가지고 있었죠. 네트워킹을 하지 않았던 대가를 치렀던 겁니다."

요즘은 스테파니의 네트워킹이 어떻게 바뀌었을까?

"방금 고위 직급 여성들을 위한 프로그램을 하나 시작했습니다. 후원자가 무엇이고 후원자를 가진다는 것은 어떤 가치를 가졌는지, 후원자는 멘토와 어떤 점이 다른지, 후원을 받으려면 어떤 것을 준비해야 하는지에 대한 내용입니다. 후원자를 어떻게 찾는지 교육생들이 물어보면 저는 이렇게 대답합니다.

인적 네트워크에 접속하세요! 커피를 마시거나 점심을 같이 먹고, 회사 내·외부에서 영향을 미치려는 노력을 하세요. 매일 함께 저녁을 먹어야 하는 건 아닙니다. 커피 마시고, 점심 먹고, 사무실에 방문하기도 하고, 연락하려고 노력하세요! 저도 어려웠지만 해냈거든요."

스테파니의 이야기는 아주 흔한 케이스이다. 더 설명하자면, 내가 아는 대부분의 여성은 일반적으로 대인관계에 능숙하다. 여성들은 다른 여성들과의 연결에 있어서 전략이 필요하지 않다. 예를 한번 들어보겠다. 여행 일정 때문에 미국에서 가장 큰 공항 중 하나인 애틀랜타 국제공항에 들르게 되었다. 가 본 사람은 알겠지만, 짐을 찾고 나가려면 트램이라 불리우는 간이 열차를 타야 한다. 그 열차에서 두 여자가 이야기하는 것을 듣게 되었다. 둘은 서로 초면인 듯했고 전문직처럼 옷을 차려입고 있었다.

"애틀랜타에 사시나 봐요?"

"네, 방과 후 수업 때문에 애들을 데리러 제시간에 집에 가야 해요!"

"아이들이 몇 명이에요?"

"세 명이에요. 4살, 6살, 9살이요. 어디에 사세요?"

거기에서부터 대화가 진행되었다. 이 여성들은 서로의 이름과 나이, 사는 곳, 자녀들 이야기도 하고, 조지아주에는 얼마 동안이나 살았는지, 심지어 어디서 결혼했는지에 대한 이야기도 나누었다. 트램이 목적지에 도착하자, 그들은 손을 흔들어 인사를 나누고 헤어졌다. 이야기를 듣게 된 나는 처음에는 속으로 좋다고 생각했다 사실은 나도 낯선 사람들과 저렇게 이야기할 때가 있긴 하니까. 하지만 다시 생각해보니까 너무 아까운 기회였던 것 같다. 그 여자들은 서로의 직장이 어디인지, 직업이 무엇인지, 왜 비행기를 탔는지도 모른 채 헤어졌다. 반대로 나는 같은 상황에서 남성 두 명이 만났을 경우를 상상해보았다. "어디서 일하세요?"라는 질문으로 시작해서 서로의 직업 등에 관한 이야기를 나누고, 간이 열차가 목적지에 도착하기도 전에 명함을 교환하며 링크드인을 통해 연락하자고 약속까지 했을 것이다. 그렇게 되면, 두 남성은 서로 누군가에게 소개를 해줄 수 있거나, 서로 네트워킹을 하고, 연락하고 지낼 수 있을 것이다. 하지만 일단 연락처를 교환해야 가능한 이야기이다.

솔직히 고백하자면, 나에게는 조금 나쁜 네트워킹 습관이 있다. 특히, 명함을 많이 모으기! 하지만 어떻게 활용해야 할지 모른다는 것이다. 링크드인 사이트에서는 가능한 한 빨리 연락을 한다. 올바른 방향으로 나아가기 위한 작은 걸음이다. 어떤 면에서는 최소한 내 지인 목록을 보유하는 것이다. 연락하고 싶은 사람이 있으면 그 사람을 다시 찾을 수 있다. 하지만 나는 이 관계를 사려 깊게 구축하지 않았다.

샐리 헬게센과 마샬 골드스미스는 『여성들이 일어서는 법』이라는 책에서 관계를 구축하는 것에 관해 한 챕터를 모두 할애했다. 나는 많은 사람들과 연락하고 만나는 것을 잘하는 사람이다. 이 관계를 구축하고 발전해 나가는 데에는 노력이 필요하다. 지난 3년간, 나는 인맥을 활용하는 것이 '자기 잇속만 차리는 것'처럼 보일까 봐 우려하는 나의 '걱정'에 대해서 알게 되었다. '관계를 증진시키는 것'에 대한 나의 프레임을 나쁘다고 생각하지 말고, 내가 다른 사람들에게 도움이 되고, 다른 사람 또한 나를 도와줄 수 있는 상호성을 충족의 기회로 여기는 것은 획기적인 일이었다.

'그녀의 아이디어를 빌리고 싶어'라는 생각이 드는 사람이 지인 중에 있는가? 나는 직업상 세계 곳곳의 큰 조직에 있는 경영자들이나 뛰어난 리더들과 이 분야의 전문가들을 만날 기회가 특히 많이 있다. 내 안의 편견을 깨고 이 사람들과의 관계를 발전시키는 것은 다른 여성들의 발전을 돕겠다는 목표를 이루는 데에 있어서 가장 강력한 가속장치였다. 꿈과 목표가 다양한 만큼, 나는 넓은 인맥 속에서 그들의 지혜와 지지, 격려, 연결이 필요했다. 또한, 다른 사람에게 부탁하기 연습을 계속하는 중이다. 처음 해야 했었던 일은 바로 필요한 것이 무엇인지에 대해 명확하게 아는 것이었다. 그래야 자신감 있으면서도 의식적으로 부탁할 수 있고, 적어도 받은 도움들을 갚아 줄 수도 있다. 인맥을 구축하고 발전하게 만드는 것은 바로 이 관용의 정신이다. 만약 내가 다른 사람들을 도울 수 있다면, 기꺼이 그렇게 하고 싶다.

■ 사례연구

소냐 제이콥스의 관계형성에 관한 사례

소냐 제이콥스는 열심히 노력한 결과, 2016년 그녀의 꿈을 이루었다. 미시간 대학교의 첫 교육 훈련 담당자가 된 것이다. 대학교 인사팀에서 교직원의 교육 프로그램을 개발하고 전략을 기획하는 일이었다.

그녀에게 네트워킹은 어떤 의미일까? "아주 다양하고 풍부한 멘토와 코치들이 많았죠. 그들은 저의 성공에 지대한 관심이 있었어요." 소냐는 협력의 중요성을 이해하고 있었고, 어떤 관계도 소홀히 하지 않았다. 여기에선 소냐가 겪은 흔한 장애물에 관해 이야기하려고 한다.

"무언가 필요할 때 사용 가능한 자원들이 아주 풍부합니다. 내가 가지고 있지 않아도 충당할 수 있죠. 저에게는 '사회적 자본'이 충분하다는 이야기입니다. 저는 다른 사람에게 필요한 자원이 되면서 그 사회적 자본을 모았습니다. 저도 만약 필요하다면 그 자본을 쓸 수 있죠. 저의 네트워크 안에 도움이 될 만한 사람들이 있을 테니까요.

네트워크를 구축하세요. 다양한 멘토들을 만나세요. 코칭도 받고, 후원도 받으세요. 이런 다양한 활동을 통해 필요한 지원 인력과 전문가들을 확보할 수 있었습니다. 항상 쉽지만은 않았습니다.

제 경력 초기에도 편견이나 장애물을 겪게 되었습니다. 다음 단계로 목표하던 리더 자리가 있었습니다. 그리고 저를 지원해 줄 수 있는 상당한 수의 리더들도 있었죠. 많은 사람이 그 자리의 적임자라고 했습니다. 하지만 그 자리에 내정자가 있다는 것을 알게 되었죠. 그들은 제가 아직 석사학위를 마치지 않았기 때문에 그 자리에 적합하지 않다는 핑계를 대었습니다. 덕분에 더 열심히 공부해서 석사 학위를 이수했습니다. 앞으로는 그런 말을 들을 이유가 없겠죠.

사람들은 편견과 고정관념을 가지고, 그것이 진실이라 믿고 있습니다. 여성으로서, 리더로서, 우리는 그 사실을 인정해야 합니다. 그래야만 변화를 끌어낼 수 있습니다. 어떤 사람이 고정관념을 가지고 있다고 해도, 내가 그것을 알아야 그 사람을 이해시키고 설득시킬 수 있을 겁니다. 그 또한 사회적 자본으로 들어갑니다.

여성들은 자신들이 원하는 바를 요구하는 것뿐만 아니라, 왜 그들이 원하는 것을 얻지 못하는 이유를 물어볼 수 있어야 합니다. 속으로만 생각하고 삼켜버리거나 '그냥 내가 부족했겠지' 하고 넘겨버리지 말고, 인사담당자의 피드백을 요구해야 합니다. '다음

번에 이런 기회가 있으면 다시 도전하고 싶은데, 어떤 부분이 부족했나요? 어떤 점 때문에 제가 부적격자라고 판단되었는지 그 이유를 알려주시면 좋겠습니다.' 이런 질문들을 해야 우리는 더 성장할 수 있습니다. 부적절한 질문이라고 생각할 수 있겠지만, 이런 피드백을 두려워한다면 앞으로 나아갈 수 없습니다.

모든 여성에게 이런 충고를 전하고 싶습니다. 모두 자신의 네트워크가 있습니다. 소모적인 것이 아니라, 생산적인 네트워크를 가져야 합니다. 다양한 멘토들을 알고 지내세요. 삶은 다양하니까 그때 필요한 멘토들이 다 다를 겁니다. 코칭을 받으세요. 우리는 모두 각기 다른 상황에서 새로운 직책이나 임무를 수행하려면 코칭이 필요합니다. 진심으로 우리의 성공을 바라는 코치와 후원자라면 우리에게 필요한 피드백을 기꺼이 줄 것입니다. 우리는 그 피드백을 감사히 받고, 뭔가를 해야겠죠. 마지막으로, 우리의 적은 바로 우리 자신입니다. 우리는 지지 받지 못하고, 다른 여성들과 함께 올라가지 않으려고 합니다. 여성 리더들이 더 많아진다고 해도, 구멍이나 새는 곳이 있을 겁니다. 우리 여성들 스스로가 바뀌어야 합니다. 혼자 다 하려고 하지 말고, 다른 사람들에게 도움을 주는 사람이 되세요."

아직도 네트워킹에 대해서 확신이 없는가? 실용적으로 접근해 보자. 이 장애물 넘기를 연습할 수 있는 두 가지 활동이 있다.

◇ 관계 감사(Relationship Audit)를 시행하라

관계 감사Relationship Audit 는 자신의 반경 안에 누가 있는지를 신중하게 살필 수 있는 도구이다. 현재의 네트워크 규모에 놀랄 수도 있다. 방법은 이러하다. 우선 종이를 한 장 꺼낸 다음, _{원한다면 엑셀 시트도 좋다} 다음의 카테고리로 나눈다.

- **가족** 원하는 대로 정의하면 된다. 부모, 형제, 사촌, 삼촌, 숙모, 배우자, 배우자의 가족
- **친구** 현재 직장을 제외하고 일생을 통하여 만난 관계. 어린 시절의 친구, 동네 친구, 고등학교 친구, 대학교 친구, 대학원 친구, 동네 주민, 연락하고 지내는 전 직장 동료 등
- **직업적 인맥** 현재 속한 조직 내외부의 인맥. 내부로는 동료, 직속상관, 매니저, 직장 내 타 부서 사람들 등. 외부로는 고객사, 납품 업체, 협력 업체 등과 관계된 사람들 등
- **커뮤니티/종교 기관/ 기타** 위의 카테고리에 속하지 않는 사람들. 축구장이나 요가 수업, 마트 등에서 만난 사람들 등.

다음은 이 카테고리에 떠오르는 사람들을 써넣어라. 아는 사람의 지도를 그린다는 것은 당신의 현재 네트워크의 가지에 대해서 생각해 볼 수 있는 좋은 기회이기도 하다. 당신의 지인들이 알고 있는 지인들이 또 있기 마련이다. 이 사람들은 당신이 자신의 삶에서 원하는 것을 충족하기 위하여 그들의 도움이나 지원, 연결을 사용할 수 있다는 것을 모른다. 지도 작성을 끝내고 나면 관계 감사를 실행할

수 있다 몇 번쯤 반복해서 계속 확인하길 추천한다. 미처 생각하지 못했던 사람들이 떠오를 수도 있다.

작성한 카테고리와 리스트를 사용하여 어떻게 해야 그들과의 관계를 발전시킬 수 있을지 고민해야 한다. 지도에 있는 사람들의 관심과 역량을 생각해 보고 당신의 관심과 능력과 어느 정도 일치해야 하는지 곰곰이 생각해보라.

최근 한 여성 리더와 함께 그녀의 관계 감사를 함께 진행했다. 가장 먼저 한 일은 그녀의 리스트에서 친하고 편한 정도에 따라 1부터 10까지의 점수를 매기는 일이었다 1=전혀 편하지 않음, 10=아주 편하고 가까우며 쉽게 부탁할 수 있는 사이.

그런 다음 그녀의 목표를 분명히 정한다. 그녀는 자신의 전문 분야 마케팅 가 아닌 생소한 분야 다양성과 포용성 로 포지션을 옮기고자 했다. 원하는 것은 무엇이든 목표로 설정할 수 있다. 리스트에 있는 사람들이 그녀가 목표를 달성하는 데 있어서 어떤 도움을 얼마나 줄 수 있는지 확인하고 나서 그녀도 생각이 정리되었다. 원하는 것을 이루기 위해서 그 많은 사람 중 누구에게 시간과 노력을 집중해야 할지 분명히 알게 되었다.

이 책에서 제안하는 활동들을 통해서 자신에게 맞는 방법을 찾고 수정해 나갈 수 있을 것이다. 당신은 자신의 네트워크에 대해서 더 전략적인 방법을 떠올릴 수 있다고 생각한다.

◇ 네트워킹 플랜 작성하기

현재의 네트워크에 포함된 사람들도 있지만, 지인이 아닌 사람 중에서 알고 싶은 사람이 있을 것이다. '알고 싶은 사람' 리스트를 작성하라. 할 수 있다. 크게 생각하라. 당신이 속해있는 조직의 대표나 다른 임원이 도움될 수도 있다. 딸 친구의 엄마가 당신이 항상 원하던 꿈의 직업을 갖고 있다면, 실제로 만나지 않았더라도 도움이 될 수 있지 않을까?

네트워킹 플랜을 세울 때, 고려해야 할 사항이 세 가지가 있다.

① 적극적으로 임하라: 연결을 원하는 사람에게는 적극적인 태도를 보여라. 언제 어떤 방법으로 연결할 것인가? 전화, 커피, 점심, 모바일메신저 등

② 열린 마음을 가져라: 다른 사람의 도움을 받기도 하고, 명확한 안건이 없더라도 서로 연결하는 것을 의미한다. 생산적인 연결은 훌륭한 결과로 이어지는 것을 믿는 것이다. 생산성이란 단순히 일이 일어나도록 그냥 두는 것이며, 사람들과 아이디어가 대화 안에서 생성될 여지를 남겨두는 것이다.

③ 현명하게 관리해라: 시간을 현명하게 관리하는 것이 가장 중요하다. 그래야 적극성의 정도와 그 방법에 대해서 구체적일 수 있고, 열린 마음으로 수용할 수도 있다. 당신이 연결하는 사람의 뒤에 숨겨진 '의도'를 알지 못한다고 하더라도, 명확한 동기를 가지는 것은 필수적이다.

부탁하기와 마찬가지로, 네트워킹을 시간을 아주 조금만 써도 되는 일 더 알고 싶은 분야에 종사하는 사람과 30분간의 전화통화로 얼마나 많은 것을 얻어낼 수 있는가! 과 시간을 많이 투입해야 하는 일 준비가 필요하고, 사

람을 만나는데 시간을 많이 할애해야 하는 사내 비영리나 자선 봉사 클럽 활동 로 나눠볼 수 있다.

도전 과제 하나를 주겠다. 조직 내에 가장 상위 직책 한 사람을 골라라. ①관심이 가는 사람 ②배우고 싶은 사람. 크게 생각하고 힘 있게 생각하라. 이 사람에게 커피를 마시자고 제안하거나 전화를 걸기가 조금도 긴장되지 않는다면 충분히 크게 생각하고 있지 않다는 말이다. 부탁할 때는 명확하게 하고 30분 동안 승낙을 받게 되면 만남에 대한 계획을 세워라. 당신의 희망과 장점에 대해서 대화와 질문을 나누어라. 토론을 진전시켜라. 어떤 결과가 기다리고 있을지 예상할 수 없을 것이다.

◇ 소셜 네트워킹을 할 시간

직업적인 문제뿐만 아니라 넘어야 할 장애물들을 고려해 본다면, 이제 네트워킹은 선택이 아니라 필수라는 것을 알 것이다. 소셜미디어는 단순히 콘텐츠를 생산하고 공유하는 기능만 있는 것이 아니라, 관계를 형성하고 발전해나가는 데 있어서 효과적이고 효율적인 도구이다. 2014년, 루비 미디어 Ruby Media 가 실시한 조사에 따르면 페이스북, 텀블러, 인스타그램, 트위터의 사용자 수는 남성보다 여성이 더 많다고 한다.

또한, 이미지와 아이디어를 공유하는 플랫폼 사이트인 핀터레스트의 여성 사용자 수는 압도적으로 더 많다. 반면, 비즈니스 전문 소셜 네트워크 서비스인 링크드인 사용자는 남성이 더 많다. 이쯤 되면 생기는 질문이 하나 있다. 왜 여성들은 직업적인 역량을 넓히기 위해 사용 가능한 도구들을 충분히 활용하지 않는 걸까?

최근 나에게 중요한 사람들에 대해 생각해보게 되었다. 내가 내린 결론은, 소셜미디어는 "나는 당신을 생각한다"라는 메시지를 전달하는 정도의 기능밖에 하지 못한다는 것이다. 여전히 개인적인 만남이 우위를 차지한다. 내가 하는 일도 그 이유의 일부분을 차지한다 링키지에서 주관하는 교육 이외에도 자주 연설자로 초빙되는데, 한 시간에 400명에서 1천 명 사이의 리더들을 만나게 된다. 만나게 되는 사람들에게 궁금증이 생기고 그들이 어떤 사람들인지, 또 어떤 관심사가 있는지 알아가는 것은 아주 즐거운 일이다. 나의 의도는 원래 그들에게 연결하고 싶은 마음이 들게 하는 것이었다. 사람 중심의 업계에 몸담고 있다고 해서 시간이 없다는 핑계는 통하지 않는다. 크고 열린 마음을 가지는 것도 아니다. 근본적으로 연락의 빈도수는 중요하다. 특히 매우 친하고 소중하다고 여기는 사람들에게는 말이다.

나는 나의 에너지와 시간을 쏟는 사람들에게 점점 더 집중하고 있다. 궁극적으로는 전략적 관계 형성과 나의 목표 달성, 그리고 가까운 가족과 친구들, 동료들을 돌보는 것 사이의 균형을 맞추게 되었다. 살다 보니 점점 더 늘어나는 지인들과 자주 연락하겠다는 나의 바람은 나의 시간과는 극명히 대조를 이루고 있다. 잘 이해했는지 모르겠지만, 나는 발전하는 중이다. 우선순위를 분명히 하고, 시간을 내달라는 요구에 정확한 답변을 해주는 것이 그 발전의 시작이다. 난 아직도 다른 사람에게 실망감을 주는 것이 싫다. 감사하게도, 이 책에서 제안한 방법들을 연습하는 것이 도움되었다. 부족하더라도 마음을 쓰는 사람들에게 최대한 자주 연락하려고 했다. 몇 주가 지나자 엄마에게 전화하고, 남동생의 안부를 확인하게 되었다. 당연히 남편과 가족을 위한 시간도 보장했다. 친구들에게 직장 동료 일부 포함 조금 더 사과를 많이 하게 된 것 같기는 하다.

자신이 할 수 있는 일과 없는 일을 분명히 말한다면 실망한 사람의 용서와 이해를 구하는 일 또한 늘어나게 되어있다. 자신의 네트워킹을 발전시키려는 시간이 있을 것이다. 해야 할 일 목록을 작성하는 것이 전부가 아니라, 전략적인 네트워킹을 구축하고 발전시키는 것이 목표가 돼야 한다. 전보다 조금 더 잘하기만 하면 된다. 완벽하게 하라는 것이 아니다.

◇ 성공을 위한 레시피

앞의 8개의 장과 마찬가지로, 이번 장도 자아발견의 여정과 장기적인 목표를 위한 것이다. 이 마지막 장애물은 여러 면에서 정점이라고 말할 수 있다. 인생은 대화에서 발생한다고 생각한다. 당신의 인생에서 관계를 구축하고 발전시킬 때, 다른 장애물이 나타나는 것을 볼 수 있을 것이다. 그러면 새로 나타난 장애물을 파악하게 될 것이다. 성공의 열쇠는 자신이 어떤 장애물에 발이 걸릴 것인지 파악하고, 비판적 내면의 목소리를 제어할 수 있는 능력이다. 어느 날 관계를 진행할 때, 순간순간 그 능력을 사용하고 있는 자신을 보게 될 것이다. 아래는 누군가와 연결하기 전에 도움이 될 만한 간단한 체크리스트이다. 리더십 영향력을 행사하는 데 도움이 될 수 있다.

- 어떤 거슬리는 생각이 떠오르더라도, 중립의 상태를 유지하기 위해 노력했는가? 나 자신과 다른 사람들을 위해 중립의 상태에서 세상과 대화를 맞물리게 하려고 하는가? 내가 연결하고자 하는 사람에 대한 우월감이나 열등감을 느끼지는 않는가? 부드럽게 진행하고 있는가?

- 확고한 믿음이 더는 내가 믿는 대로가 아니어도 괜찮은가? 호기심과 용기로 편견에 맞서고 있는가?

- 현재 내가 원하는 것이 무엇인지 알고 있는가? 아니라면, 어떤 가능성에도 열린 마음을 가지고 있는가?

- 너무 많은 것을 그만두고, 나를 위해 투자하는가? 나도 가치가 있다!

- 나만의 강점과 지혜를 받아들이고 나의 연결에 특별한 자질로 활용하고 있는가?

- 나를 멋지게 만드는 것은 무엇인가? 나의 이름을 알리고 싶은 분야에 자신감을 불어넣고 있는가?

- 나만을 위한 것이거나 불편한 것이라고 해도, 내가 정말 원하는 것을 요구하고 있는가?

인생에 있어서 원하는 것을 얻어내는 것의 의미는 당신의 발목을 잡은 장애물을 인지하고, 궁극적으로 뛰어넘게 만드는 것이다. 이 책을 동기부여의 지침서로 활용하였으면 한다. 힘들어지면 다시 읽기를 권한다. 이 책은 장별로 자신감을 고취하고 마인드를 바꾸어 특정 장애물들을 극복한 멋진 여성 리더들의 실용적인 지혜와 영감을 주는 이야기들이 담겨 있다.

　여태까지 잘해냈다. 세상은 당신과 당신의 리더십을 원한다. 잊지 말아라. 우리는 모두 명품이고, 동시에 현재도 발전 중이다.

감사의 글

… "내가 모두를 얻었나? 이 책이 생명력을 가질 수 있도록 도움을 준 다른 사람들의 노력한 시간과 에너지를 어떻게 기릴 수 있을까? 지난 5년 동안 내가 이 주제 내 자신을 포함한, 어떻게 하면 여성들이 그들 자신의 방식에서 벗어날 수 있도록 도울 수 있는 최선의 방법 에 몰두해 있는 동안 남편과 딸들의 희생에 대해 어떻게 감사할 것인가? 가족, 친구, 멘토, 선생님, 그리고 내가 함께 배우고 성장한 동료들의 일생에 대해 어떻게 감사를 표할 수 있을까?"

훌륭한 문학적 지원가

책을 쓰는데 관련된 일은 나를 위축되게 한다. 나는 그것을 임신에 비교한다. 우리는 아이를 갖기 전까지는 우리가 어떤 상황에 처해 있는지 알지 못한다. 나는 운 좋게도 이 프로젝트를 되살리는 데 도움을 줄 조산원이 한 명이 아닌 세 명이 있었다 주: 조산원은 최악의 폭풍우 속에서 침착함을 만들어 내는 사람인데, 자신이 하고자 하는 일을 정확히 조언해 주는 방대한 경험을 가진 사람, 그 길을 따라 당신을 지도하는 사람, 프로젝트를 살리고 이 모든 것이 성공적인 결과로 이어질 수 있도록 판단력과 리더십을 갖춘 사람이다.

나의 첫 번째 문학적인 조산원은 맥그로힐의 매우 재능 있는 편집자 도냐 디커슨 Donya Dickerson 이다. 이 책의 첫 번째 제안서를 보낸 대상은 도냐였다. 그녀는 그것을 거절하지 않았을 뿐만 아니라, 이 책이 출판되기까지 얼마나 시간이 걸릴지 설명하는 데 시간을 할애했다. 여기에는 전문 작가와의 협력도 포함된다. 도냐는 맥그로힐에서 이 작품을 추진했고, 나는 그렇게 존경스럽고 뿌리 깊은 출판사에서 출판되는 영광을 얻었다.

두 번째 조산원은 캔디 수 크로스 Candi Sue Cross 이다. 캔디, 당신이 쓴 단어에 대한 재능과 놀라운 통찰력이 없었다면, 이 책은 세상에 태어나지 않았을 거야. 주어진 주제, 인물, 또는 장애물에 대해 장황하게 말하는 것을 듣고, 긍정하고, 즐거움을 선물한 것은 바로 당신이었지.

세 번째 조산원은 모든 편집 선행을 맥그로힐 팀의 일부로 조율한 카리 블랙 Kari Black 이다. 카리는 모든 페이지를 편집하고 제작 과정을 관리하면서 우리의 원고가 당신이 지금 들고 있는 책이 되도록 했다.

여러분 세 분에게, 이 책이 변화를 가져다줄 것이라고 믿어주시고, 그것을 되살리는 데 있어 제 파트너가 되어주셔서 정말 감사드린다.

대단한 가족

  이 책에 들어간 에너지와 마음은 우리 가족의 지지와 지혜, 사랑이 없었다면 가능하지 않았을 것이다. 너그럽고 겸손하고 현명한 남편인 제이미 브레디, 책의 탄생뿐만 아니라 평생 동안 내가 어떤 의식을 일깨우기 위해 우리의 오아시스를 잠시 떠나 있었음에도 나를 충분히 사랑해 준 것에 대해 감사한다. 캐롤라인과 애비, 영광스러운 모습으로, 인생에 있어서 나의 위치를 이해해주어 첫째, 그리고 또한 어린 나이에 매일매일 살아갈 수 있는 의미와 목적을 감사하게 생각해줘서 고마워. 내가 부엌 식탁에서 빈둥거리는 순간을 발견한 사람은 이 세 명이다. 즉 아침에 카페인을 과다하게 든 아내와 엄마에게 "오전 4시에 또 일어났어?"라고 간단히 물어보는 것이다. 고마워, 카사 브레디. 지난 1년 동안, 당신은 우리의 가정생활을 평온하게 유지했고, 아이들을 돌보았고, 개를 산책시켰어, 아주 우아하고 차분하게.

  감사합니다, 마디 무어, 나의 사랑스러운 어머니. 그녀의 활기차고 긍정적이고 자상한 본성은 세상을 축복으로 가득한 것으로 볼 수 있게 나에게 영감을 준다. 나의 호기심 많고 쾌활한 의붓아버지인 데이비드 무어가 내게 보여준 많은 것들에 감사한다. 나의 잠재력에 대한 당신의 믿음이 내 인생에 있어 그 발자취를 남기게 해 주었다. 즐겁고 사랑스러운 동생 빌 맥킨티에게, 나를 완전히 받아들이고 나와 함께 웃고 있는 것에 대해 감사한다. 언제나 이성의 치유하는 목소리가 되어준 나의 아름답고 현명한 여동생인 다그마라 맥킨티에게 감사한다. 마리아 맥킨티, 나를 지지해주고 믿어줘서 고마워.

심지어 그 그렇게 쉽지 않은 10대 시절에도. 코니 브래디, 강력한 여성 롤 모델의 정수, 나와 나의 일에 대한 지지의 목소리를 내어주고, 그리고 모든 면에서 훌륭한 시어머니가 되어준 것에 대해 감사한다. 고마워, 제니퍼 미드 넌 나를 뿌리치고, 나와 함께 웃고, 함께 놀고, 나와 함께 와인을 마시고, 다른 사람들처럼! 마지막이지만 중요한 것은 제리 맥킨티 Jerry MacKenty 에게 감사하다는 것이다. 사랑을 느낀 아이들을 키우는데 당신의 삶의 더 나은 부분을 헌신하고, 나에게 그것을 위해 노력하라고 말해준 것에 대해. 당신은 나의 천사, 나의 가이드야. 매일 네가 보고 싶어.

대단한 기고가들

이 책은 링키지사의 비범한 사람들이 없었다면 완성되지 않았을 것이다. 주로 링키지 리더십 콘퍼런스에서 함께 모여서 자신을 이끌어 가는 법을 배운 수천 명의 여성 리더들과, 수년에 걸쳐 수백 명의 뛰어난 연설자들에게 감사한다. 7가지 장애물을 이끈 현장 연구의 기초가 되었다. 내가 이 책에서 다루는 여성들은 고객에서부터 나와 다른 사람들에게 영감의 원천이 되어준 모든 사람들, 함께 일하거나 함께 일할 수 있는 특권을 가진 전문가에 이르기까지 다양하다. 이 모든 여성들은 따를 가치가 있는 지도자들이며, 그들의 목소리를 페이지에 되살려 당신과 그들의 선물을 나누는 것은 나의 영광이다. 감사합니다, 아비 홀든, 타라 스와트, 신시아 트래지-라크라, 멜리사 마스터 홀더, 미셸 웹, 사라 베트만, 욜란다 코너스, 섀넌 아놀드, 조앤 브렘, 달렌 슬로우, 야스민 데이비스, 스테파니 로머, 크리스티 로버츠, 에이미 블래드 샤토, 바바라 애니스, 제이콥스.

그리고 내 생각을 고수할 수 있도록 도와준 남자들도 있고, 명시적이든 암묵적이든 간에 이 책의 곳곳에 나타난다. 이들은 최근 몇년 동안 리더십에서 자신의 길이나 그들의 길, 또는 일반적으로 리더십에서 남성들이 하는 역할에 대해 많은 대화를 나눈 사람들이다. 감사합니다. 찰리 모로우, 마크 해넘, 스튜 코헨, 그렉 졸버, 미첼 나시, 샘 람, 데본 브라운, 데이브 본, 버나더스 홀트로프, 앤디 버드, 빌 프루, 마이크 웰스, 피트 캐리, 세스 스마일리, 데이브 로건, 리처드 레이더, 글렌 로디스, 하워드, 브르츠만, 브링크 존 매그너슨, 빌 스프링거, 해롤드 와인스타인, 릭 퍼프리, 리드 파커, 크리스 캐피, 토마스 크레이한, 그리고 루디 앤스바허 박사.

굉장한 선배 저자들

신경과학자인 타라 스와트 박사의 지혜 클러리티의 장애물에 관한 「4장」를 한 장 꺼내면, 우리의 뇌는 우리가 전에 해 본 적이 없는 큰일을 할 때 책을 쓰는 것처럼 우리가 할 수 있다고 믿어야 한다. 이를 위해, 스와트 박사는, 우리는 아직 하지 않은 '큰일'을 성공적으로 해낸 다른 사람들로부터 우리의 자신감을 '빌릴' 필요가 있다고 말한다. 그들이 그것을 할 수 있다면, 나도 할 수 있을까? 아아, 모든 단계마다 우주는 믿을 수 없을 정도로 성공적인 출판 작가들로 구성된 나만의 '책 자문 위원회'를 제공했다. 그중 한 사람, 내가 깊이 존경하는 이들이 있다. 그들 각자가 나에게 그 길을 따라 매우 소중한 지혜를 주었다. 데이브 로건, 칼라 해리스, 사-니콜 조니, 앨런 웨버, 마기 워렐, 톰 콜디츠, 리처드 라이더에게 - 당신들의 시간과 코칭에 대해 진심으로 감사한다.

엄청난 직장 동료

Linkage의 많은 재능 있는 동료들이 이 책에서 발견되는 지혜를 연마하는 역할을 해 왔다. 엘렌 윙가드가 없었다면, 여성 리더십의 공간에서의 링키지의 업적은 지금과 같이 되지 못했을 것이다. 필 하킨스는 링키지가 여성 리더십 분야에서 영향을 미칠 것을 상상하고 많은 비전을 제시하였다. 할리 오스티스는 진보하는 여성 리더에 대한 컨설팅 방법론을 개발하고 장려했다. 맷 노키스트는 장애물들의 은유를 꿈꾸었고, 궁극적으로 이 책을 가능하게 만들었으며, 모든 단계에서 나를 지지했다. 제니퍼 맥콜럼, 결승선을 통과하여 이 프로젝트를 보고 지원해줘서 감사하다. 질 일사누라는 링키지의 현장 연구에 바탕을 두고 검증된 평가와 지표를 훌륭하게 만들어냈고 그 작업을 모두 다음 단계로 나아갈 수 있게 하였다. 브리아나 골드만과 셜리 밀그램은 장애물과 연결되는 모듈형 콘텐츠를 너무 많이 연구하고 구축했다. 셰넌 베이어와 애브리 홀든은 나와 함께 끝없는 시간을 보내며 비판적 내면의 목소리들을 코칭하는 일을 문서화했다. 스튜 코헨은 비판적 내면의 목소리를 코칭하는 데 있어서 전문 조력자가 되기 위해 손을 들어 자신의 트위스트를 적용한 최초의 용감한 사람이었다. 사라 데이튼–맥글린체이는 많은 링키지의 고객들과 관계를 맺고, 강력한 신뢰를 쌓고 여성의 리더십 개발에 관한 전문가가 되었다. 이 모든 일에 나와 함께 깊이 고민하여 주어서 감사하다. 그리스틴 배럿은 이 일에 대한 많은 새로운 고객들의 헌신을 높이 평가했다. 레이첼 마란구는 리더십 고객 자문 위원회와 우리의 비즈니스를 모두 다른 수준으로 끌어올렸다. 케리 세이츠는 우리의 여성 리더십 프로그램의 리더로서 이 일을 전 세계 훨씬 더 많은 여성들에게 가져다줄 것이고 앞으로도 그럴 것이다. 사라 브리글은 비판적 내면의 목소리의 코칭에 대한 생각이 제기되었을 때 그곳에 있었으며 모든 단계를 기꺼이 지지하는 파트너였다.

수지 켈러, 스콧 가브리엘, 데슬리 뉴우, 폴라 부테, 리젯 리마, 리타 부셔, 마리아 오페린, 뮤리엘 존스, 카리나 빌헬름스, 다니엘레 루시도, 다나 욘차크… 당신들의 지지와 지혜는 여성 리더십 분야에서 링키지를 특별한 위치에 자리잡는 데 중요한 역할을 했다. 에이미 킴벌, 링키지에서의 일을 더 잘하도록 도와준 모든 것에 대해 감사한다.

나는 위에 열거된 사람들 외에도, 운 좋게 링키지의 외부에서 함께 일하고 배울 수 있었던 그 친구들과 동료들에게 감사한다. 킴 세르다, 여성들을 위한 진정한 변화와 육성을 하기 위한 당신의 용기와 지원은 경외심을 불러일으켰고, 당신을 친구이자 파트너라고 부르는 것은 영광이다. 다음의 모든 분들께 감사한다. 미쉘 가브렐, 에이미 폭스, 에리카 에리얼, 토드 비티, 줄리 살가닉, 수잔 브롬, 테리 리얼, 애슐리 윌리언, 로라 스톤, 닉 크레이그, 엘레인 스토크스, 새

넌 오마라, 캐슬린 보흐만, 켈리 스미스, 낸시 반, 켄드라 앤지에, 에밀리 룬디-말렛, 리치 베일리, 캐서린 애드킨스, 줄리아 와다, 카렌 이덴노, 카렌 웨더홀트, 토니 핸들러, 조디 에커 데텐, 샌디 린네아나, 토르만, 토르만, 토르만이스만, 얀 슈베르트, 일레인 워드, 마가렛 지에코, 아이다 사보, 에이프릴 메이슨, 켈리 게라크, 헤더 업데그라프, 켈리 브라운, 레이 킨.

이 모든 사람들이 나와 이 일이 완성되는 것을 도왔다. 각자가 나의 생각에 영향을 주었다. 이들의 지혜는 이 책의 페이지와 나의 일상생활 속에 반영되었으며, 따라서 내 머리와 마음속에 있다. 나의 소망은 이 책이 세상에 좋은 영향을 주는 것이다.

굉장한 여성공동체

나는 주말에 많은 친구들과 만나지 않는다. 자매들은 지리적으로 떨어져 있고, 모두가 각자 생활하고 있다. 이 책에 대한 현장 조사와 수년간의 일과 어머니로서의 삶 때문에, 내가 원하는 만큼 자주 보거나 연락하지 못했다. 수년 동안 나를 사랑하고 우정의 선물과 지혜를 주어서 감사하다. 당신은 당신이 누군지 알고 있을 것이다. 나의 삶은 당신이 있기 때문에 더 충만해진다.